KB124505

BASA-ALSA와 함께하는
학습전략 프로그램 워크북

초인지전략 기르기

| 김동일 저 |

학지사

2014년 정부(교육부)의 재원으로 한국연구재단의 일반공동연구지원을 받아 수행된 연구임
(NRF – 2014S1A5A2A03064945)

머리말

자기주도 학습자로 성장하기 위하여 학습전략은 초등학교 학생에게 필요한 능력이며, 자신이 스스로 깨우쳐야 할 기술로 여겨져 왔다. 학습전략의 결손으로 학업부적응을 보이는 학생이 증가하면서 이에 대한 교육적 요구가 점차 커지고, 이제는 혼자서 그냥 익혀야 할 기술이 아니라 체계적으로 가르치고 배워야 할 기초학습기능의 중요한 구성요소로서 관심이 높아지고 있다. 특히 학업 곤란도가 높아진 초등학교 3학년 이후 나타나는 학업 문제는 성적이나 평가뿐만 아니라 학생의 전반적인 자아개념, 대인관계, 가족관계, 인지 및 정서 발달 등 광범위한 영역에 영향을 주는 중요한 요인이다.

이 학습전략 프로그램 워크북[동기와 자아효능감, 자원관리전략, 인지전략, 초인지전략, (3학년 수준의) 교과 학습전략]은 아동의 학업 동기를 높이고, 적절한 학습방법 탐색의 기회를 제공함과 동시에 초등학교 교과서를 소재로 하여 학습자 맞춤형 학습전략을 개발하고 활용하도록 하는 데 목적이 있다.

이 워크북은 BASA(Basic Academic Skills Assessment: 기초학습기능 수행평가체제) 읽기, 수학, 쓰기 검사 결과에 따라 추가적인 개입이 필요한 초등학교 3학년 이상의 학습자를 대상으로 기초기능으로서의 학습기술에 초점을 맞추며, 또한 ALSA(Assessment of Learning Strategies for Adolescents: 청소년 학습전략검사)와 연계하여 학습전략을 정교화하고 풍부하게 활용할 수 있도록 구상되었다.

앞으로 교육현장에서 우리 아이들이 유능한 학습자로서 자신에게 적합한 학습방법을 적극적으로 탐색하기를 기대한다.

2015년 9월
SNU SERI
소장 김동일

차 례

BASA-ALSA와 함께하는
학습전략 프로그램 워크북 ⑤

초인지전략 기르기

차시의 특성

초인지란 학생이 공부와 관련한 자신의 정서, 행동 및 인지에 대해서 이해하는 능력을 말한다. 즉, 공부할 때 드는 감정을 이해하고, 공부할 때 주로 쓰는 전략과 방법에 무엇이 있는지를 알며, 무엇을 얼마나 알고 있는지를 아는 능력을 말한다. 결국 초인지전략을 사용할 수 있다는 것은 학습자 스스로가 거울을 보듯이 자신을 바라보는 것이고, 따라서 효과적인 학습을 위해서 자신에게 필요한 것은 무엇인지를 명확하게 알 수 있다는 것을 말한다. 이와 같은 초인지 학습 전략을 이해하게 되면 학습자는 자신에게 적합한 공부 전략을 스스로 선택할 수 있게 되고, 자기 학습의 문제점을 고쳐 나갈 수 있게 된다.

학습부진 학생들이 지속해서 좌절감과 실패를 경험하는 가장 큰 이유는 자기 자신의 공부 전략에 대한 이해 없이 무리하고 과도한 학습을 해 왔기 때문이다. 학습과 관련해서 자신의 정서, 행동 및 인지를 이해하고 나면, 실현 가능한 계획을 세우고 적당히 어려우면서도 성취감을 느낄 수 있는 과제와 계획을 세울 수 있게 되어 자신이 지속적으로 성장해 나가는 긍정적인 경험을 할 수 있게 될 것이다. 반면에 초인지 관점이 없는 경우에는 자신에게 맞는 적절한 학습방법을 선택할 수 없기 때문에 무리한 학습전략을 세움으로써 실패를 지속적으로 경험하거나, 과도하게 쉬운 과제를 선택함으로써 흥미를 잃기 쉽다. 따라서 초인지전략을 통해 학생이 가지고 있는 현재의 자원을 정확히 파악하고 그에 알맞은 대응 전략을 세우는 것이 중요하다.

1차시는 이러한 초인지전략이 무엇인지, 왜 중요한 것인지에 대해서 탐색해 보는 활동에 초점을 두고 있다. 이번 차시의 목표는 초인지전략이 무엇인지를 알고 이러한 전략을 학습에 적용하는 것이 학습자의 성취를 위해서 중요하다는 것을 이해하는 것이다.

학습목표	■ 시험 후의 나의 마음을 알고 말할 수 있다. ■ 초인지 공부 방법이란 무엇인지 말할 수 있다.
내용	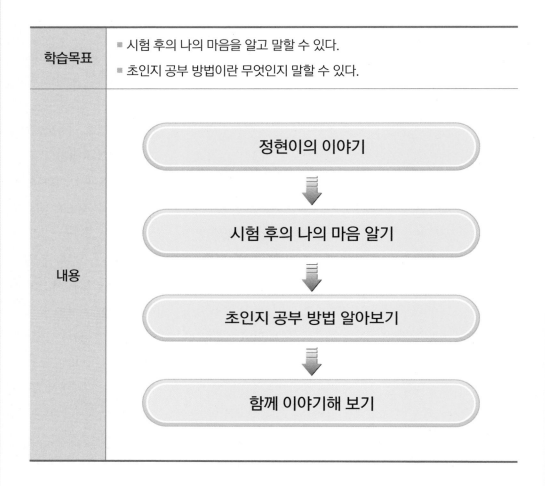

 다음 글을 읽고 물음에 답해 봅시다.

정현이는 공부하는 것을 힘들어하는 아이입니다.

어느 날 정현이는 같은 반 친구 은선이를 좋아하게 되었습니다. 정현이는 용기를 내어 선생님께 말했습니다.

"선생님, 저 은선이와 짝하고 싶어요."

선생님은 정현이가 공부를 열심히 하면 그렇게 하겠다고 약속하셨습니다.

정현이는 집에서 공부하기 위해 책상에 앉았습니다. 그런데 어떻게 공부를 해야 할지 잘 몰랐습니다. 그래서 공부 계획을 세워 보기로 했습니다. 먼저, 과학을 1시간 공부하기로 했습니다. 그리고 TV 소리가 너무 크길래 TV를 껐습니다.

공부를 하며 중요한 내용은 공책에 썼고, 모르는 내용은 인터넷에서 찾아보거나 엄마에게 물어보았습니다. 암기할 내용은 말로 말하며 암기했고, 공부한 내용을 평가하기 위해 문제집을 풀었습니다.

문제집을 채점했더니 80점을 받았습니다. 정현이는 오늘 공부에 만족했고, 열심히 공부한 자신에게 컴퓨터를 할 수 있는 자유 시간을 주기로 했습니다.

Tip 초인지전략이란 공부와 관련된 활동과 감정에 대해 거울을 보듯이 알아보는 능력을 의미한다. 학생 스스로가 공부하기 위해서 어떤 방법과 전략을 쓰고 있는지를 검토해 보는 것이 초점이다. 이때 현재 자신의 전략을 평가하거나 비판하지 않는 것이 중요하다. 평가하지 않을수록 더 많은 것을 볼 수 있게 된다. 가령, "10분밖에 공부하질 않네. 공부 진짜 조금한다."와 같은 말은 평가를 수반하기 때문에 자신의 공부 시간을 재려는 마음이 줄어든다. 반면에, "공부시간은 10분, 공부한 내용은 2쪽이다. 오늘 해야 할 분량은 10쪽이다."와 같은 경우는 평가가 배제된 관찰에 가깝기 때문에 심리적으로 위협감을 덜 주어 자세히 관찰하는 여유를 갖게 한다.

☺ 정현이는 공부할 때 어떤 방법으로 하였나요?

과학 1시간, TV 끄기, 중요한 내용은 공책에 쓰기, 인터넷에서 자료 찾기, 엄마

에게 물어보기, 말로 하면서 외우기, 문제집 풀기

☺ 정현이와 같이 공부하는 방법을 아는 것을 '초인지 학습'이라고 합니다. 정현이와
비슷한 경험이 있으면 이야기해 봅시다.

공부할 때 책상에 앉아서 한다, 수학보다 국어를 더 좋아한다.

📋 진희의 이야기를 읽고 물음에 답해 봅시다.

> 4학년인 진희는 이번 중간고사에서 평균 80점을 받겠다는 목표를 세웠습니다. 진희는 공부에 흥미를 가지고 있는 학생은 아니지만 그래도 학생이라면 당연히 학교 공부를 어느 정도 해야 한다는 생각을 하고 있기 때문입니다. 또한 진희가 좋아하는 남자아이가 공부를 잘하는 것도 진희에게 공부를 해야겠다는 생각을 갖도록 해 주었습니다.
>
> 공부를 잘하고 싶기는 하지만 진희에게는 시험을 보는 것이 피하고 싶은 일입니다. 지금까지 학교생활을 하면서 시험 성적이 좋아 선생님이나 부모님께 칭찬을 들어본 적이 많지 않기 때문입니다. 그래서 시험을 보게 되면 시험 성적을 보고 싶지도 않고 다른 친구들처럼 무슨 문제가 맞았는지, 어떤 문제가 틀렸는지 맞춰 보고 싶지도 않았습니다. 맞추다 보면 틀린 문제가 많아서 자신이 못나고 한심해 보였기 때문입니다.
>
> 공부를 열심히 해서 시험을 잘 보고 싶기는 한데, 시험 결과를 보는 것이 싫은 진희는 어떻게 하는 것이 좋을까요?

😊 진희가 시험 보는 걸 싫어하는 이유는 무엇인가요?

공부를 못하니까, 늘 좋지 않은 소리를 들어야 하니까

> **Tip** 공부 결과에 대한 비판을 듣게 될 때 위축되고 회피하는 것은 자연스러운 현상이다. 누구라도 자신의 행동을 비판받는 것은 어느 정도 심리적인 위협감이 들기 때문이다. 문제는 평가를 거부하거나 회피하는 행동은 결국 누적된 학습결손을 만든다는 점이다. 이 부분을 줄이기 위해서는 먼저 평가 상황이 주는 위축감과 두려움을 인정해 주는 과정이 필요하다. 그래야 학생 스스로 견딜 힘을 내서 자신을 초인지적으로 관찰하고 분석할 준비가 되는 것이다.

시험이 어렵게 느껴지고 내 실력보다 어려운 시험이라고 생각되면 시험 결과를 보고 싶은 마음이 사라지는 것이 당연합니다. 자기 자신이 부끄럽고 창피한 느낌이 들고, 못나 보일 수 있기 때문입니다. 그래서 어려운 시험을 본 후에는 누구라도 시험 결과를 보고 싶어 하지 않습니다. 그러다 보니 당연히 시험 자체를 피하고 싶은 마음이 들기도 합니다.

☺ 진희에게 어떤 말을 해 주면 진희가 시험을 보고 용기 있게 결과를 맞춰 볼 수 있을까요?

진희가 무엇을 알고 무엇을 모르고 있는지 살펴보자. 시험은 아는 것과 모르는 것이 무엇인지를 알아보려고 보는 거란다.

_____

☺ 진희가 시험에 대해서 어떻게 생각하면 시험 결과에 대해서 공부하고 싶은 마음이 생겨날까요?

시험은 내가 아는 것과 모르는 것을 알기 위해 보는 거야.

_____

시험은 내가 공부한 내용을 잘 알고 있는지에 대해서 알아보는 것입니다. 시험의 원래 목적은 내가 잘나고 못난 것을 알아보려는 것이 아닙니다. 내가 공부한 내용을 잊지 않고 잘 기억하고 있는지, 그리고 그 내용을 제대로 알고 있는지를 자세하게 알아보려는 데 목적이 있는 것입니다. 그렇기 때문에 시험은 공부하는 과정에서 반드시 필요한 일이고, 학생이라면 꼭 해야 하는 일 중의 한 가지입니다.

정말 어려운 시험을 보았을 때는 시험 보는 동안 힘들고 속상할 수 있습니다. 또 시험을 본 이후에도 결과를 알고 싶지 않을 것입니다. 그럴 때에는 속상하고 피하고 싶은 마음이 드는 것이 당연합니다. 그런 마음을 숨길 필요는 없습니다. 오히려 그런 마음이 자연스럽다는 것을 내가 먼저 알아주는 것이 필요합니다.

Tip 시험은 자기 실력을 파악하는 것이지만, 학생들에게는 자신에 대한 평가가 이뤄진다는 느낌을 갖게 한다. 따라서 그런 상황이면 누구라도 힘들고 두렵다는 것을 알아주는 것이 필요하다.

☺ 진희가 시험 결과를 보기 싫어하는 마음을 인정한다면 마음이 어떻게 될까요?

그런 마음이 들어도 괜찮다.

☺ 내가 시험을 잘 보지 못했을 때 "시험을 못 보았을 때 속상하고 피하고 싶은 마음이 드는 것이 자연스러운 일이야!"라고 나에게 말해 준다면 마음이 어떻게 될까요?

마음이 편해진다, 안심된다.

시험을 준비하고 공부하는 과정은 생각만큼 재미있거나 즐거운 일은 아닙니다. 오랜 시간 앉아서 책을 읽고 문제를 풀고 계산하는 시간을 보내야 하고, 무엇보다 많은 시간 동안 반복해야만 공부를 잘할 수 있고 시험도 잘 볼 수 있기 때문입니다. 그래서 공부하는 학생들에게 공부란 대부분 어렵고 힘든 일입니다.

☺ 어렵고 힘들지만 반드시 해야 하는 일이라면 어떻게 하는 것이 좋을까요?

할 수 있는 만큼 해 본다.

☺ 어렵고 힘든 일을 잘 해내기 위해서 꼭 필요한 것을 찾아 동그라미해 보세요.

- 힘들어도 잘 참는 마음 / 힘들면 피하고 도망가기
- 규칙을 정하기 / 잘하지 못해도 나를 미워하지 않는 마음
- 먼저 놀고 그다음에 공부하기 / 포기하지 않고 끝까지 하기
- 많은 시간이 필요하다는 걸 알기 / 못하는 나를 혼내 주기
- 잘할 때까지 나를 기다려 주기 / 나에게 힘 주기

Tip 어렵다는 것을 인정할 때, 피하지 않게 되는 것이 중요하다. 어려움을 인정하니까 어려워도 견디게 되는 '역설'이 초점이 된다.

어렵고 힘든 일은 잘못된 것이 아닙니다. 그럴 때 견디지 못하는 것이 잘못된 것입니다. 시험은 어렵고 힘들지만 시간을 들여 계속 노력하면 해결되는 것입니다. 시험은 나의 공부 실력을 전체적으로 알아보는 일입니다. 따라서 시험 결과를 나의 실력을 알아보는 데 사용해야지 내가 잘났다 혹은 못났다는 식으로 사용하는 것은 잘못된 것입니다.

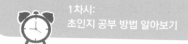

초인지 공부 방법 알아보기

📋 다음 글을 읽고, 물음에 답해 봅시다.

현상이는 공부를 잘하고 싶은 마음이 있습니다. 그래서 공부를 잘하는 사촌 형에게 어떻게 하면 공부를 잘할 수 있는지 물어보았습니다.

"현상아! 공부를 잘하려면 독수리의 눈이 필요해. 독수리가 왜 새의 왕이 되었는지 아니? 독수리가 힘이 세고 몸집이 큰 이유도 있지만, 독수리는 먹이를 잡기 전에 다른 새보다도 훨씬 높은 하늘로 올라가기 때문이야."

현상이는 독수리가 높은 하늘로 올라가는 것과 독수리가 새의 왕이 되는 것이 어떤 관계가 있는지 알 수 없었지만, 사촌 형의 이야기를 듣고 조금은 알 수 있었습니다.

"높은 곳에 올라가면 어디에 먹이가 있는지를 쉽게 알 수 있어. 그렇기 때문에 자신이 원하는 먹이를 쉽게 구할 수 있지. 공부도 마찬가지란다. 먼저, 공부할 내용을 전체적으로 알고 있으면 내가 무엇을 아는지 모르는지를 빨리 알 수 있어. 그러니까 시간을 낭비하지 않고 모르는 것을 중심으로 공부하고 아는 것은 여러 번 복습해서 잊지 않게 되는 거지. 독수리처럼 전체를 보는 눈이 없으면 공부를 잘하기란 어려운 일이야. 따라서 공부를 잘할 수 있는 중요한 방법 중의 한 가지는 전체를 보는 일이란다."

Tip 전체를 보는 눈은 열심히 하는 것만큼 중요하다. 학습된 무기력은 "나 같은 애는 해 봤자 안 돼."가 핵심적인 내용이다. 해도 안 되는 가장 중요한 이유는 자기에게 맞는 학습 방법을 찾는 과정이 생략되었기 때문이다. 초인지 공부 방법은 자신에게 맞는 학습 방법을 찾는 과정을 말하는 것임을 인식시키는 것이 초점이다.

☺ 공부를 잘하기 위해서 필요한 눈은 무엇인가요?

독수리의 눈

☺ 높은 곳에 올라가는 것은 공부에서 어떻게 하는 것을 말하나요?

공부할 내용을 전체적으로 아는 것

 독수리가 높은 곳에서 전체를 보듯이 공부할 내용을 전체적으로 알아보는 방법이 초인지 공부 방법입니다.

📋 전체를 보는 공부 방법에 대해서 알아봅시다.

 Tip 학생과 함께 천천히 읽어 보면서 초인지 학습전략에 무엇이 있는지 살펴보도록 한다. 그리고 이러한 전략을 사용하면 어떤 점에 도움이 될지 함께 이야기해 본다.

방법	설 명
목표 세우기	목표를 세워야 합니다. 나를 위한 큰 목표는 공부의 전체 모습을 나에게 보여 줍니다. 가령, 다음 시험에서 국어 점수를 10점 높이고 싶다는 마음이 생기면, 수업 시간에 선생님 말씀을 꼼꼼히 필기합니다. 그리고 시험 보기 일주일 전부터 책과 노트를 5~6번가량 반복하여 읽고 외운다면, 시험을 잘 볼 수 있게 됩니다.
훑어보기	훑어보기는 공부할 내용을 처음부터 끝까지 대충 읽어 보는 것입니다. 중요한 내용들과 제목들을 읽다 보면 앞으로 내가 공부해야 할 내용들이 무엇인지를 알 수 있게 되어 나의 시간과 노력을 얼마만큼 들여야 할지 알 수 있게 됩니다.

질문 생성	전체의 내용을 대충 보면서 궁금한 것에 대해서는 질문을 만들어 봅니다. 작은 부분이라도 상관없으니 질문을 하나씩 만들다 보면 내가 모르는 것을 잘 알게 되어 모르는 것 중심으로 공부할 수 있습니다. 모르는 것 중심으로 공부를 해야 공부를 잘하게 됩니다.
자기 진단	자기 진단이란 내가 아는 것과 모르는 것을 정리하는 것입니다. 내가 아는 것과 모르는 것을 정리하게 되면 모르는 것 위주로 공부할 수 있게 됩니다. 그렇게 하면 공부하는 시간을 줄일 수 있게 됩니다.
책 읽기	책은 전체를 보게 해 주는 망원경과 같습니다. 책을 많이 읽을수록 전체의 모습이 눈에 더욱 잘 들어오게 됩니다. 공부를 잘하는 사람들은 대개 많은 책을 읽었던 사람들입니다.
복습	선생님과 함께 공부하는 것도 중요하지만 그 후에 혼자서 배운 내용을 복습하는 것이 중요합니다. 복습하게 되면 배웠던 내용을 더 오래 기억하게 되고, 배우면서 몰랐던 내용을 알게 되기도 합니다.

☺ 앞의 내용을 잘 읽었는지 알아봅시다. 공부 방법과 내용을 짝지어 봅시다.

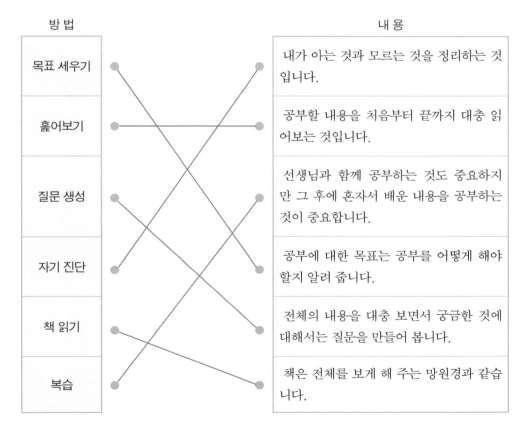

방 법

내 용

방법	
목표 세우기	
훑어보기	
질문 생성	
자기 진단	
책 읽기	
복습	

내가 아는 것과 모르는 것을 정리하는 것입니다.

공부할 내용을 처음부터 끝까지 대충 읽어보는 것입니다.

선생님과 함께 공부하는 것도 중요하지만 그 후에 혼자서 배운 내용을 공부하는 것이 중요합니다.

공부에 대한 목표는 공부를 어떻게 해야 할지 알려 줍니다.

전체의 내용을 대충 보면서 궁금한 것에 대해서는 질문을 만들어 봅니다.

책은 전체를 보게 해 주는 망원경과 같습니다.

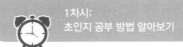

함께 이야기해 보기

전체를 보는 공부 방법이 왜 중요한지 나의 말로 정리해 봅시다.

나에게 맞는 공부 방법을 알 수 있다. 그래서 지치지 않고 공부할 수 있다.

초인지전략 성공의 전제 조건

학습능력이 뛰어난 학생들이나 높은 성과를 나타내는 학생들의 공통된 특징은 초인지전략을 적절하게 사용하는 것이다. 즉, 공부를 잘하는 학생은 자신의 부족함에 대해 인내심을 가지고 관찰하고 인정하는 능력이 뛰어나다. 따라서 부족한 부분에 대해서 신속하고 적절한 대응을 하여 처음에는 부족하더라도 금세 실력을 늘릴 수 있게 된다.

초인지전략을 성공적으로 적용하기 위해서 가장 중요한 것은 공부와 관련한 자신의 활동을 비판하지 않고 볼 수 있는 눈이다. 비판하지 않고 바라볼수록 자신에 대해 객관적으로 관찰하게 되고, 특히 부족한 부분을 관찰하는 능력이 발전하게 된다. 반면에 자신에 대해서 비판적이고 평가적인 관점으로 바라볼수록 부족한 점을 숨기게 되고, 질문하지 않으며, 배우려고도 하지 않는다. 잘 모르는 자기 모습에 대한 부끄러움과 수치심이 들기 때문이다. 학습부진 학생이 가지고 있는 가장 큰 문제점 중의 한 가지는 이러한 평가적인 관점이 내면화되어 있다는 사실이다. 따라서 공부를 잘하지 못하고, 이해가 느리며, 공부를 힘들어하는 자기 자신에 대해서 누군가가 피드백을 주는 것에 대해 위협적인 감정을 느끼게 되고, 그런 자신을 수치스럽게 느끼는 감정을 가지고 있다.

이러한 수치심이 내면화되면 학습을 회피하거나 관심이 없는 것처럼 행동하거나 무시하는 듯한 태도를 보일 수 있다. 이러한 행동은 결국 수치스러움을 느끼지 않기 위해서 학생이 보이는 나름의 생존 전략이다. 따라서 학습자가 다시금 학습에 관심을 갖도록 돕기 위해서 우선적으로 필요한 것은 비판이나 비난 없이 자신의 공부 실력과 행동을 관찰하는 것이다. 비난과 비판하는 마음이 줄수록 관찰의 양은 늘어나고, 초인지전략을 사용하여 자신에게 맞는 공부 전략을 설계할 능력을 갖게 된다.

차시의 특성

　교육에서 가장 중요한 문제 중 하나는 학습의 효율성에 관한 것이다. 교수자와 연구자들은 학습의 효율성을 높이기 위한 학습전략들을 탐색하여 왔다. 그중에서 학습자가 스스로 동기화하여 학습 행동을 지속할 수 있도록 돕는 전략 중 하나가 바로 '목표 세우기'다. 목표를 세우기 위해서 학습자는 자신의 능력을 지각할 수 있어야 하고, 자신의 노력을 바탕으로 주어진 시간을 효율적으로 활용하기 위해 노력해야 한다. 또한 시선을 현재에 두기보다는 목표를 이루는 시점, 즉 미래에 두고 있어야 한다. 그렇기 때문에 목표 세우기는 학습자가 개인의 동기를 바탕으로 목표를 세워 효율적으로 학습을 진행해 나갈 수 있도록 돕는, 꼭 필요한 전략임을 강조하지 않을 수 없다.

　목표는 과정 지향적 목표와 현실 지향적 목표로 나눌 수 있다. 과정 지향적 목표의 간단한 예는, 언제 시작해서 언제 마칠 것인가, 혹은 어디서부터 어디까지 할 것인가 등이다. 이러한 목표 정하기는 공부나 과제를 할 때, 자신이 하고 있는 일이 계획대로 진행되는지 알려 준다. 학생들에게 하루 생활이 끝나고 자기 전에 내일 할 일을 한 줄씩 간단하게 메모지에 생각나는 대로 적어 보게 할 수 있다. 중요한 일이 두세 가지가 될 수 있고, 다섯 가지 이상 넘어 갈 수도 있을 것이다. 준비물 챙기기, 과제 챙기기, 내일까지 하기로 할 일 등 생각나는 대로 적어 보면 5분도 안 걸릴 것이다. 적다 보면 당장 할 수 있는 일은 바로 할 수 있을 것이다. 가령 준비물 등을 미리 책가방에 넣거나 체육복 등을 챙길 수 있을 것이다. 이처럼 미리 할 일을 적어 보면 우리가 미처 못했던 일을 점검할 수 있게 된다. 그리고 편한 마음으로 잠을 잘 수 있다. 다음 날 아침에 일어나서 오늘 할 일을 확인해 보고 빠진 점을 다시 적어 오늘 할 '우선되는 일'을 확인한다. 하루를 보내며 한 일은 하나씩 체크하고 줄을 그어 해 나가면 무엇보다 마음이 뿌듯해진다. 바로 성취감을 느끼는 것이다. 단순히 5분만 시간을 내었는데 자신의 일정을 쉽고 질서정연하게 관리할 수 있으며, 자아효능감을 높일 수 있다.

　2차시에서 소개하는 박지성 선수는 일기장에 자신의 미래의 모습을 그리며, 목표를 길게 보고 그 목표를 향해 나아갈 바와 해야 할 것들을 적었다. 그의 일기장을 보면 자신의

목표 세우기의 어려운 점

Tip 초등학생 때부터 목표를 정하고 계획을 세우는 습관을 들이는 것이 중요하다. 대개 학생들은 목표를 세우는 데 두려움을 갖고 있는데, 그것은 계획을 세우고 제대로 실천하지 못한 경험이 있기 때문이다. 그래서 목표를 세워도 자신이 실패할 경우가 많아 두렵기 때문에 회피하는 방어기제로 계획이나 목표를 잘 세우지 않는다. 따라서 이번 활동에서는 실천 가능한 목표 세우기를 목표로 한다. 상담자나 교사는 학생이 현실적이고 실천 가능성이 있는 목표를 세울 수 있도록 지도하며, 그 목표를 구체적으로 어떻게 실천할 수 있을지 함께 이야기해 보는 시간을 가진다. 학생 자신이 게을러서 혹은 관심이 부족해서 세운 계획을 이루지 못했다면 학생의 동기를 살펴 주고, 과제를 해 나가지 못하면 모델링을 통해 구체적인 방법을 알려 주는 것도 필요하다.

📝 자신이 목표를 세울 때 어려운 점이 무엇인가요?

끝까지 하지 못한 적이 많아서

할 자신이 없어서

계획을 세우고 성공해 보지 못해서

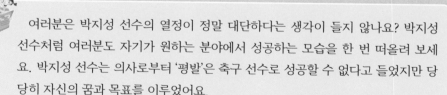

여러분은 박지성 선수의 열정이 정말 대단하다는 생각이 들지 않나요? 박지성 선수처럼 여러분도 자기가 원하는 분야에서 성공하는 모습을 한 번 떠올려 보세요. 박지성 선수는 의사로부터 '평발'은 축구 선수로 성공할 수 없다고 들었지만 당당히 자신의 꿈과 목표를 이루었어요.

나의 목표가 이루기 어려운 일처럼 보일지라도, 쉽게 포기하지 말고 도전해 보세요. 자신이 스스로 목표를 세우고 그 목표를 위해 작은 것부터 출발하는 것은 어떨까요?

📝 "나는 잘할 수 있어." "나는 커서 이 분야의 전문가가 될 거야."와 같은 꿈을 한 번 가져 보세요. 그 꿈을 이루기 위해 어떤 목표를 세울 수 있나요?

목표 세우는 방법 알기

📋 다음의 원칙들을 읽어 보고 자신의 목표를 세워 봅시다.

〈목표를 세우는 원칙들〉

1. 자신이 할 수 있는 가능한 범위에서 구체적으로 목표를 세워야 합니다.
2. 자신의 목표를 잘 보이는 곳에 적어 두고 자주 봅니다.
3. 장기적인 목표(1년 혹은 6개월)와 단기적인 목표(1개월, 1주)로 나누어 구체적으로 세웁니다.

☺ 위의 방법으로 자신의 목표를 한 번 세워 보세요.

• 구체적으로 적어 봅니다.
• 오늘 할 일과 앞으로 할 일들을 적어 봄으로써 목표를 확인할 수 있습니다.
• 실제로 실천을 통해 계획을 수정해도 목표하는 곳에 가까이 갈 수 있습니다.

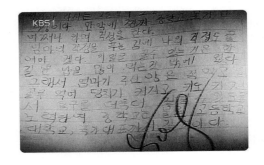

목표 세운 후 실천하기

📋 세운 목표를 어떻게 실천할 수 있을지 알아봅시다.

😊 메모장에 내일 할 일들을 생각나는 대로 적어 보세요. 그리고 저녁 시간에 할 일이 적힌 메모장을 한 번 읽어 보세요.

_____

_____

😊 나는 하루 동안 계획했던 할 일을 얼마나 했나요?

_____

_____

_____

😊 모든 일을 하지 못했다면, 그 이유를 생각해 보고 적어 보세요.

_____

_____

_____

😊 목표를 정하니 어떤 마음이 생기나요?

하고 싶은 마음이 생긴다.

자신감이 생긴다.

인정을 받고 싶어진다.

목표를 정하면 그 꿈을 위해 더욱 노력하고 싶은 마음이 생깁니다. 자신의 능력을 믿고 끊임없이 노력했던 박지성 선수처럼 열심히 노력해 보세요. 그러면 언젠가 꿈을 이룬 내 모습을 볼 날이 있을 거예요.

학업 습관, 목표 설정과 실행 의도

새로운 학업 습관을 갖기 위해서는 우선 목표 설정을 하는 것이 필요하다. 어떤 행동이든 처음 실행할 때에는 여러 가지 면에서 불편함과 어려움이 따르는데, 이는 습관화되어 있지 않기 때문이다. 처음에는 새로 시작하는 행동이 불편하고 낯설지만 일단 그 행동이 반복되는 일정한 환경과 연합하게 되면 습관으로 자리 잡기 시작한다. 특히 습관화의 가장 큰 장점은 다음과 같다.

- 의식적인 노력을 할 필요가 없다.
- 몸에 익은 반응이기 때문에 효율적이고 익숙하다.

공부하는 행동, 도서관에 가는 행동, 책을 읽는 행동 등이 습관화될 때 비로소 좋은 학업 습관을 갖게 되었다고 말할 수 있다. 공부를 잘한다는 의미, 학습문제가 해결되었다는 의미는 바로 학업 행동이 자연스럽게 몸에 익어 습관화되었다는 것을 말한다. 그렇다면 이러한 습관은 어떻게 생겨나는 것일까?

첫째, 분명한 목표 설정이 필요하다. 하루에 2시간 책 읽기, 1시간 복습하기, 1시간 예습하기 등 해야 할 일에 대한 분명한 목표 설정이 되어야 학업 습관이 자리 잡기 시작한다. 목표가 분명하지 않으면 새로운 행동은 대부분 습관화되지 않고 사라지기 마련이다. 따라서 분명한 목표를 설정한 후에 행동할 때 비로소 습관화가 이루어지기 시작한다.

둘째, 목표를 이루는 실행 의도를 마음속에 떠올리는 방법이다. 하루에 2시간씩 책을 읽기로 했다면, 마음속으로 방에 들어간 후 책꽂이의 책을 뽑아 책상에 앉아 책을 읽고 있는 자기 모습을 계속해서 상상하는 것이다. 이러한 상상을 계속 하다 보면 실제로 목표한 것을 행동으로 옮기는 것이 조금 더 쉬워진다.

분명한 목표와 실행 의도를 통해서 무너져 있는 학업 습관을 갖게 되면 노력하거나 애쓰지 않아도 저절로 공부하는 습관 때문에 마음의 어려움과 갈등이 줄어들게 된다. 좋은 습관이 좋은 결과를 만들어 낸다.

3차시: 시간관리

🔍 차시의 특성

    시간관리는 학습에서 가장 기본적이면서 가장 중요한 부분에 해당한다. 그러면서도 가장 잘 지켜지지 않는 부분이기도 하다. 성공적인 학업 습관을 가지는 학생이 성취에서도 남다른 결과를 드러낸다. 좋은 학업 습관을 갖기 위해서는 시간을 자원으로 인식하는 태도가 필요하다. 시간은 관리해야 할 중요한 학업 자원 가운데 하나다. 하루 중에 공부할 수 있는 시간이 한정되어 있기 때문이다. 따라서 가장 집중적으로 공부할 수 있는 시간대를 파악하여 최소한의 시간 동안 최대한의 학습 효과를 나타내는 것이 필요하다.

    집중력 있게 시간을 사용하기 위해서는 시간에 맞춰 공부하는 방법과 원리를 잘 알고 있는 것이 필요하다. 정해진 시간 동안의 공부, 내가 일정하게 공부하는 장소를 확보하는 일, 자신이 해야 할 일의 목록을 정하여 순서대로 하는 일, 공부를 할 때 하기 어렵고 귀찮은 것부터 하는 습관, 예습을 하는 것이 시간을 효과적으로 사용하는 것임을 아는 일 등은 시간관리의 기본이 되면서도 중요한 자원관리 전략에 해당한다.

    3차시에서는 시간관리의 중요성, 시간관리를 통해서 공부를 얼마만큼 효율적으로 할 수 있을지를 공부하는 시간으로 활용한다.

학습목표	■ 시간관리가 무엇인지 이야기할 수 있다. ■ 시간관리의 종류와 특성을 말할 수 있다.
내용	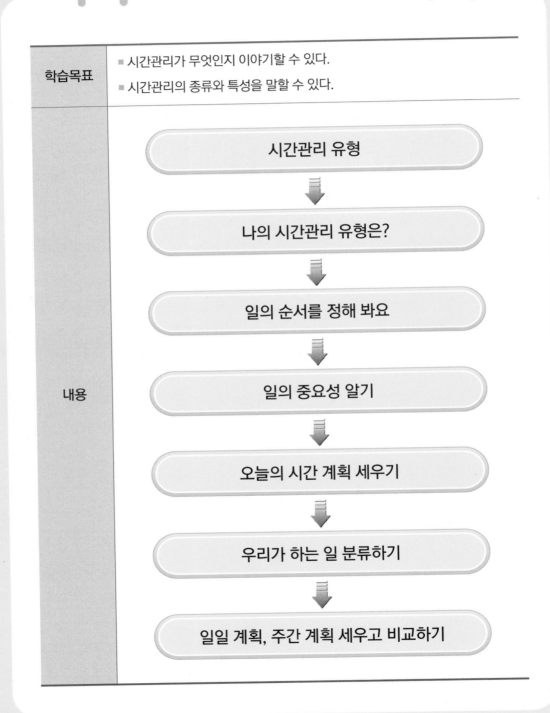

시간관리 유형

⬇

나의 시간관리 유형은?

⬇

일의 순서를 정해 봐요

⬇

일의 중요성 알기

⬇

오늘의 시간 계획 세우기

⬇

우리가 하는 일 분류하기

⬇

일일 계획, 주간 계획 세우고 비교하기

시간관리 유형

알아 두면 좋은, 공부를 잘하기 위한 시간관리
나는 몇 점일까?

1. 공부는 일정 시간을 정해서 하는 것이 좋다 (예: 7~9시). 한 주 단위로 시간표를 활용하는 것이 보다 효율적이다.

2. 큰 일은 작고 세부적인 일로 쪼개고 나누어서 생각하고 진행한다.

3. 자투리 시간을 잘 활용한다.

4. 배울 내용을 미리 읽어 수업 내용을 따라 가려고 한다. 예습은 복습보다 시간을 효율적으로 사용할 수 있다.

5. 공부를 시작할 때는 어렵고 지겨운 과목부터 하는 것이 좋다.

6. 공부를 할 때는 앉은 자리에서 해야 할 일의 목록을 만들어 눈앞에 붙여 두고 일을 진행한다.

7. 공부가 안 될 때는 지금 집중을 방해하는 생각이나 걱정거리들을 종이에 적어서 공부에 방해되는 요소를 없애고 공부에 집중하려고 한다. 공부 시간을 길게 잡으면 이것 자체가 또 하나의 일이 된다.

8. 내가 쉽게 집중할 수 있는 시간과 공부 장소를 찾아 활용한다.

9. 시작할 때의 꾸물거림을 줄이면 능률이 배가 된다. 지금 곧바로 시작한다.

10. 집중력이 떨어지면 간단한 신체 활동을 하거나 휴식 시간을 가진다.

자신의 시간관리는 몇 점인가요? _____

(1문항당 10점)

나의 시간관리 유형은?

📝 일주일 동안 내가 하는 일을 모두 기록해 봅시다.

문제집 풀기, 숙제하기, 텔레비전 보기, 스마트폰 게임, 컴퓨터 게임, 엄마 아빠랑 놀기, 친구들이랑 놀기, 학교 가기

언제나 정해서 해요	일이 닥치면 해요

비교적 자유롭게 해요	일의 중요도를 알고 정해서 해요

☺ 이 중에 시간을 잘 관리하며 공부를 잘하기 위해서는 어떤 유형이 좋을까요? 친구와 서로 비교해 보세요.

3차시:
시간관리

일의 순서를 정해 봐요

📋 다음 표는 일의 성격에 대해 잘 설명해 줍니다.

일의 분류	일의 성격	보기
중요하면서도 빨리 해야 할 일	나중으로 미루지 말고 곧 해야 할 일	숙제, 학원 가기
중요하지만 천천히 해도 되는 일	중요하지만 시간이 많이 걸리고 장기적인 계획이 필요한 일	학기말 수학경시대회 잘 보기
중요하지는 않지만 빨리 해야 하는 일	급하지만 중요하지 않은 일	오줌이 마려워 화장실 가기, 택배 왔을 때 문 열어 주기
중요하지도 않고 천천히 해도 되는 일	별다른 이유가 없다면 좀 덜 하더라도 상관없는 일	TV 몇 시간째 보기, 게임하면서 놀기, 친구와 수다 떨기

📋 일의 우선순위를 정해 봅시다.

☺ 해야 할 일을 파악해 봅시다(해야 할 일과 시간을 먼저 작성한 후 우선순위를 매기세요).

해야 할 일	걸리는 시간	순위 결정	해야 할 일	걸리는 시간	순위 결정

☺ 정한 우선순위에 따라 다음 표에 적어 봅시다.

순서	해야 할 일	걸리는 시간	일의 순서를 이렇게 정한 이유
1			
2			
3			
4			
5			
		합계: 8시간	

3차시:
시간관리

일의 중요성 알기

📋 하고 싶은 일에 점수를 매겨 봅시다.

☺ 오늘 내가 '하고 싶은 일'을 적고 그 일에 대해 점수를 매겨 보세요.

번호	오늘 하고 싶은 일	걸리는 시간	점수 (10점 기준)
1	게임	1	20
2	숙제	1	10
3	공부	1	10
4	엄마와의 대화	1	20
5	운동장에서 놀기	2	20
6			
7			
8			

☺ 오늘 내가 '해야 할 일'을 적고 그 일에 대해 점수를 매겨 보세요.

번호	오늘 해야 할 일	걸리는 시간	점수 (10점 기준)
1			
2			
3			
4			
5			
6			
7			
8			

오늘의 시간 계획 세우기

오늘의 시간 계획을 세워 봅시다.

☺ '내가 해야 할 일'의 표를 보고 그 내용에 따라 오늘의 시간 계획을 세워 보세요.
(오늘은 6교시까지 수업이 있는 날입니다. 계획표를 짤 때는 내가 높은 점수를 준 '해야
할 일'을 우선으로 그 일을 하기에 가장 적당한 시간에 배치합니다.)

시간		할 일
오전 6:00~7:00		
7:00~8:00		
8:00~9:00		
학교생활	9:00~10:00	
	10:00~11:00	
	11:00~12:00	
	오후 12:00~1:00	
	1:00~2:00	
	2:00~3:00	
3:00~4:00		
4:00~5:00		
5:00~6:00		
6:00~7:00		
7:00~8:00		
8:00~9:00		
9:00~10:00		
10:00~11:00		
11:00~12:00		

우리가 하는 일 분류하기

우리가 하는 일을 분류해서 각각 열 가지 이상 써 보세요.

	급한 일	급하지 않은 일
중요한 일	지금 곧 시작해요!	계획이 필요해요!
중요하지 않은 일	선택이 필요해요!	남는 시간에 해요!

일일 계획, 주간 계획 세우고 비교하기

📋 일일 계획표를 세워 봅시다.

월 일	급하고 중요한 일	급하진 않지만 중요한 일	급하지만 중요하지 않은 일	급하지도 중요하지도 않은 일
아침 시간 (일어나서~등교)				
학교생활				
오후 시간 (하교 후~ 저녁)				
저녁 시간				

📋 이번 주에 할 일을 적어 봅시다.

😊 이번 주에 할 일을 적고, 기호로 나타내 보세요. 그리고 우선순위를 매겨 봅시다.
   (표시 기호─급한 일: ○, 중요한 일: ◎, 급하지 않은 일: ×, 중요하지 않은 일: ◇)

날짜	할 일	기호 표시	우선순위
월 일 ~ 월 일	• • • • • • • • • • •		

😊 활동을 마치고 알게 된 사실은 무엇인가요?

_____

차시의 특성

학습을 시작하기 전에 '지금 공부할 것'에 대한 계획을 세우는 것은 성공적인 학습을 위해 매우 중요하다. 학습을 하기 위해 글을 읽을 때, 본격적으로 읽기에 앞서 제목이나 목차, 글 속에 포함된 그림, 각 문단의 첫 문장 등 특징적인 지표들을 통해 글의 내용을 유추해 보는 작업이 필요하다.

훑어보기 활동을 통해 학생은 배경지식을 활성화하고, 앞으로 읽게 될 교재의 내용을 예측하게 되며, 그를 바탕으로 전체 구조를 조직화하여 본격적으로 글을 읽을 때 중요한 정보에 선별적으로 집중할 수 있게 된다. 따라서 훑어보기 활동은 궁극적으로 글에 대한 학생의 이해를 높이는 데 기여할 수 있다. 또한 목차를 훑어보면서 학생은 스스로 학습 순서를 예상하며 동시에 자율적으로 결정할 수 있다.

이와 함께 질문 만들기 활동은 학생이 일방적으로 질문에 답하는 것이 아니라 주체적으로 글을 읽고 질문을 만들어 보는 과정이다. 우선 글의 제목을 통해 학습할 내용을 예측하고 이에 대한 질문을 만들어 그 질문을 기반으로 글을 읽으며 스스로 답을 하다 보면, 자신이 이해한 정도를 점검하고 수행 수준을 확인할 수 있다. 이는 스스로 자신의 학습을 점검하고 되돌아보는 초인지전략으로서 기능한다.

4차시에서는 3학년 2학기 읽기 교과서에 수록된 텍스트를 활동 제재로 활용하고 있다. 만약 정규 수업시간에 이미 다루었던 내용이라면 텍스트에 좀 더 친숙함을 가지고 활동에 임하게 되어 전략을 습득하는 데 집중할 수 있을 것이다. 또한 앞으로 다룰 내용이라면 이번 활동을 통해 일종의 예습을 해 보는 경험을 가짐으로써 학교 수업시간에 보다 자신감을 가지고 참여할 수 있을 것이다.

학습목표	■ 학습 시작 전 학습할 내용을 훑어볼 수 있다. ■ 전반적인 흐름을 이해하여 구체적 질문을 만들 수 있다.
내용	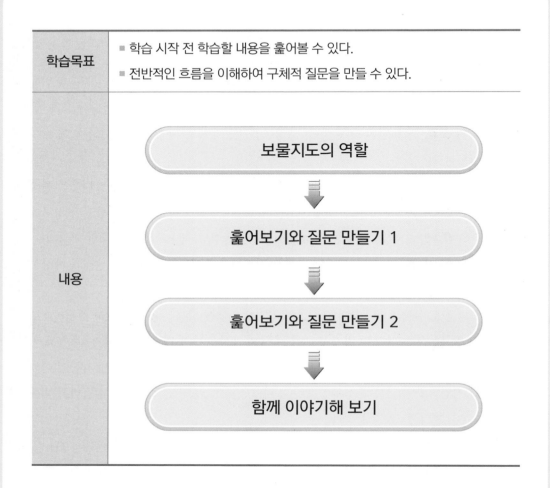

보물지도의 역할

훑어보기와 질문 만들기 1

훑어보기와 질문 만들기 2

함께 이야기해 보기

4차시: 훑어보기와 질문 만들기

보물지도의 역할

Tip 여기서 보물은 성공적인 학습을 뜻하며, 따라서 보물지도는 학습을 위한 계획과 같다고 볼 수 있다. 보물이 어디 있는지를 전체적으로 훑어볼 수 있는 지도는 보물을 찾으러 가는 길을 알려 준다. 글을 본격적으로 읽기 전에 제목이나 목차, 그림 등을 통해 전체적 내용을 훑어보고, 무엇을 이야기하고 있는지 질문해 감으로써 성공적인 학습에 이르는 것이 수월해질 것이다.

돌고래와 바다사자가 보물을 찾으러 떠납니다. 두 친구들 앞에는 보물지도 한 장이 놓여 있습니다. 돌고래는 보물지도가 큰 도움이 될 것이라고 생각하였습니다. 그래서 돌고래는 보물지도를 가지고 길을 떠났습니다. 그렇지만 바다사자는 지도가 별 쓸모가 없을 것이라고 생각하여 지도 없이 먼저 출발하였습니다.

☺ 돌고래와 바다사자 중 누가 먼저 보물을 찾았을까요?

돌 고 래

☻ 왜 그렇게 생각하였나요?

보물지도는 보물을 찾으러 가는 길을 보여 주기 때문에 보물을 찾을 때 큰 도움이 될
것입니다.

보물지도를 보면서 길을 찾아가면 보물이 있는 곳에 더 빨리 도착할 수 있습니다. 마찬가지로 공부를 할 때도 '공부지도'가 있으면 조금 더 쉽게 공부를 시작할 수 있습니다.

훑어보기와 질문 만들기 1

Tip 학습을 위한 글을 읽을 때, 본격적으로 읽기에 앞서 제목과 목차, 글 속에 포함된 그림, 각 문단의 첫 문장 등 특징적인 지표들을 통해 글의 내용을 유추해 보는 작업이 필요하다. 그러한 지표들을 '훑어보고', 그것에 대해 '질문하는' 전략을 습득함으로써 그러한 계획 세우기 작업에 익숙해질 수 있다.

3학년 교과서에 등장하는 설명문 한 편을 읽으면서 훑어보기와 질문 만들기 전략을 실습해 보는 활동이다. 질문을 만들 때 학생이 자유롭게 질문을 생성하되, 제목과 차례, 그림에 근거한 질문을 생성할 수 있도록 지도한다.

📋 다음 제목과 차례를 보고 질문에 답하여 봅시다.

즐거운 체조 따라 하기

⟨차 례⟩

1. 엉덩이 당기기   2. 다리 잡아당기기

3. 허리와 다리 펴기   4. 윗몸 돌리기

5. 옆구리와 다리 당기기

😊 제목을 봅시다. 다음에 나올 글은 어떤 내용에 관한 것일까요?

<u>체조를 따라 하는 방법에 대한 내용</u>

😊 차례를 봅시다. 어떤 식으로 글이 진행될 것 같나요?

<u>엉덩이 당기기, 다리 잡아당기기, 허리와 다리 펴기, 윗몸 돌리기, 옆구리와 다리 당기기와 같은 체조를 하는 방법에 대한 설명이 나올 것 같습니다.</u>

다음을 보고 어떤 체조를 나타내는 그림인지 선으로 이어 봅시다.

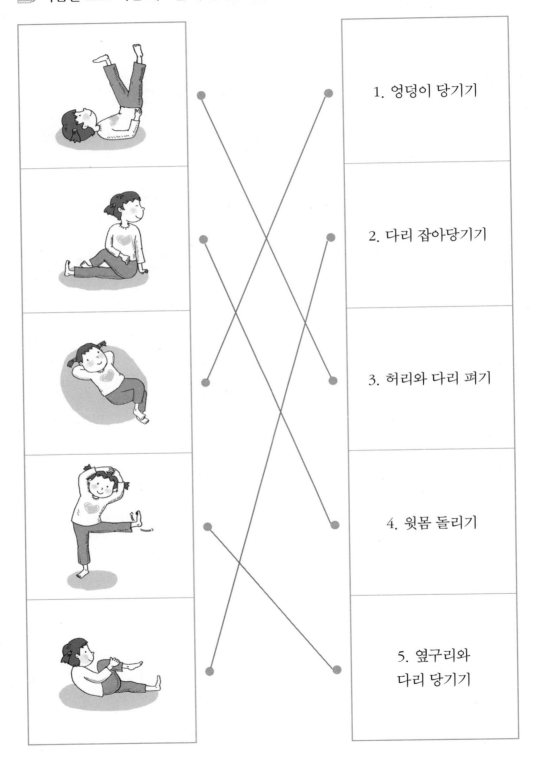

1. 엉덩이 당기기

2. 다리 잡아당기기

3. 허리와 다리 펴기

4. 윗몸 돌리기

5. 옆구리와 다리 당기기

📋 앞의 제목과 차례, 그림을 보면서 궁금한 점이 있었다면, 육하원칙에 맞추어 질문을 만들어 봅시다.

누가	• 누구와 함께 체조를 하는 걸까? • 누가 체조를 설명해 주는 걸까? • 누가 이 체조를 하면 좋을까?
언제	• 자기 전에 하는 걸까? 일어나서 하는 걸까? • 쉬는 시간에 할 수 있는 걸까? • 얼마나 오래 하는 것이 좋을까?
어디서	• 체조를 어디서 하면 좋을까? • 학교에서도 할 수 있을까? • 운동장에서 하는 편이 좋을까?
무엇을	• 이 체조는 무엇을 하는 데에 도움이 될까? • 무슨 도구가 필요할까? •
어떻게	• 엉덩이는 어떻게 당기는 걸까? • •
왜	• 엉덩이는 왜 당겨야 하는 걸까? • •

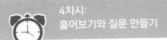

Tip 글을 전반적으로 훑어보고 스스로 만들었던 질문을 생각하면서 글을 읽는 과정이다. 앞에서 했던 활동과의 연계이므로, 학생이 글을 읽을 때 훑어보면서 예측했던 내용과 비슷한지, 자신이 궁금해하는 질문에 대한 답을 어디에서 찾을 수 있을지 생각하면서 읽을 수 있도록 지도한다.

다음 글을 큰 소리로 읽어 봅시다.

즐거운 체조 따라 하기

체조는 몸의 여러 부분을 움직이는 운동입니다. 체조는 팔, 다리, 허리, 목, 몸통, 엉덩이 등 여러 부분을 당기거나 늘리거나 돌리는 방법으로 하는 몸동작입니다. 아침, 저녁으로 집에서 할 수 있는 간단한 체조를 알아봅시다.

1. 엉덩이 당기기

몸을 바르게 하여 바닥에 누워 다리를 구부립니다. 두 손을 머리 뒤로 하여 깍지를 낍니다. 구부린 오른쪽 다리 위로 왼쪽 다리를 올려놓고 왼쪽으로 쏠리듯 왼쪽 다리에 힘을 줍니다. 동작을 반대로도 하여 여러 번 반복합니다.

2. 다리 잡아당기기

반듯이 누운 자세로 한쪽 다리를 가슴 쪽으로 당깁니다. 이때 머리를 들어 뒷머리가 바닥에 닿지 않도록 합니다. 다른 쪽 다리도 이와 같은 동작을 합니다. 이런 동작을 30초 정도 유지합니다. 그런 뒤에 양쪽 다리를 구부려서 가슴 쪽으로 잡아당깁니다. 그리고 머리를 무릎 쪽으로 말듯이 구부립니다.

3. 허리와 다리 펴기

두 다리를 쭉 펴고 누워 손으로 허리를 받칩니다. 그리고 다리를 반듯하게 하여 위로 들어올리고, 두 손은 엉덩이를 받치면서 어깨와 팔로 균형을 잡습니다.

4. 윗몸 돌리기

다리를 반듯하게 펴고 앉습니다. 왼쪽 다리를 구부려 발을 오른쪽 무릎 위로 엇갈리게 하여 오른쪽 무릎 바깥쪽에 놓습니다. 왼손은 등 뒤에 놓고 머리를 서서히 돌려 시선을 왼쪽 어깨 너머로 바라보면서 윗몸을 왼쪽으로 돌립니다. 동작을 반대로도 하여 여러 번 반복합니다.

5. 옆구리와 다리 당기기

두 손을 머리 위로 올려 깍지를 낍니다. 왼쪽 다리를 쭉 펴서 엉덩이 높이의 의자나 받침대 위에 올려놓습니다. 윗몸을 왼쪽으로 기울여 15초 정도 유지합니다. 그런 뒤에 동작을 반대로도 하여 여러 번 반복합니다.

체조의 동작은 정확하게 천천히 하는 것이 중요하며, 날마다 꾸준히 해야 합니다. 잠자기 전에 20분 정도, 아침에 일어나서 10분 정도 하는 것이 좋습니다. 체조를 하면 몸이 부드러워지며 긴장이 풀리고 기분이 좋아집니다. 또, 뼈를 자극하여 키가 자라는 데 도움이 됩니다.

😊 제목과 차례, 그림을 훑어보니 상상했던 내용과 비슷한가요?

체조를 어떻게 하는 건지 그 방법을 자세히 알 수 있을 것이라고 예상했었는데, 정말 상세히 설명되어 있었습니다.

😊 글을 읽으면서, 생각했던 질문에 대한 답을 찾았나요?

언제, 어떻게, 왜 하는 것인지에 대한 답이 나와 있었습니다.

그렇지만 혼자서 하는 체조이기 때문에 누구와 함께하는 것인지에 대한 답은 찾을 수 없었습니다.

이번 시간을 통해서 훑어보기와 질문 만들기에 대해서 배운 점이 있다면 적어 봅시다.

글을 읽기 전에 제목과 목차, 그림 등을 훑어보고 어떤 내용이 나올지 상상해볼 수 있었어요.
또 그것과 관련된 질문들을 만들어 보고 글을 읽을 때 나의 질문에 대한 답을 찾으면서 읽으니까 내용을 더욱 자세히 읽어볼 수 있었어요.

제목과 차례, 그림이나 표 등을 보면, 앞으로 어떤 내용의 글이 나올지 생각해 볼 수 있어요. 이미 알고 있던 내용을 제목과 관련하여 떠올리면서 글을 더욱 재미있게 읽을 수 있어요.
또 미리 훑어보면서 떠오르는 궁금증들을 질문으로 만들면 여러 가지 좋은 점이 있어요. 질문들을 떠올리면서 글을 읽을 때, 글에 더 집중할 수 있어요. 그러면 글을 더욱 잘 이해할 수 있게 된답니다.

☺ 다음은 등뼈가 있는 '척추동물의 분류표'입니다. 척추동물의 종류에 따라 특징을 정리한 이 표를 보고 다음 물음에 답해 보세요.

〈척추동물의 분류표〉

분 류	특 징
포유류	① 몸은 머리, 몸통, 다리로 구분된다. ② 몸이 털로 쌓여 있다. ③ 머리에는 눈, 코, 귀, 입이 있다. ④ 체온이 항상 일정한 정온동물이다. ⑤ 새끼를 낳는다.
어류	① 몸은 유선형이다. ② 머리에는 눈, 코, 입 이외에 아가미가 있어 물속에서 호흡을 한다. ③ 몸은 비늘로 쌓여 있고, 지느러미가 있다. ④ 알을 낳아 번식한다.
양서류	① 몸은 머리, 몸통, 다리로 되어 있다(꼬리가 있는 종류도 있다). ② 눈에는 얇고 투명한 막이 있어 눈을 보호한다. ③ 겨울잠을 잔다. ④ 물속에 알을 낳아 번식한다. ⑤ 폐와 피부로 숨을 쉰다(아가미로 숨을 쉬는 종류도 있다). ⑥ 물과 육지에서 산다. ⑦ 주위의 온도에 따라 체온이 변하는 변온동물이다.
파충류	① 폐로 숨을 쉰다. ② 주위의 온도에 따라 체온이 변하는 변온동물이다. ③ 육지에 알을 낳아 번식한다.
조류	① 몸은 머리, 몸통, 날개와 다리로 구분된다. ② 온몸이 깃털로 쌓여 있고, 날개는 보통 몸통에 비해 크다. ③ 체온이 항상 일정한 정온동물이다. ④ 폐로 숨을 쉬는데, 폐에 공기주머니가 있어 가볍게 잘 날 수 있다.

1. 표가 어떤 틀로 구성되어 있는지, 크게 훑어보고 이야기해 보세요.

   (척추동물에 속하는 종류별로 분류하여 각 종류의 특징을 설명해 주고 있습니다.)

2. 만약 어떤 책에 앞의 표가 포함되어 있고 이에 대한 글이 이어진다면, 어떤 내용을 다루는 글일까요?

   (척추동물을 포유류, 어류, 양서류, 파충류, 조류로 구분하고 각각의 특징을 설명하는 글일 것 같습니다.)

3. 표를 보고 더 궁금해지는 점을 질문으로 만들어 보세요.

   (포유류, 어류, 양서류, 파충류, 조류에 속하는 동물에는 무엇이 있을까?, 정온동물, 변온동물, 공중이라는 단어의 뜻이 무엇일까?, 폐, 아가미 등의 신체 부위는 어디일까?)

[참고] 척추동물의 각 분류에 속하는 종류

포유류	사람, 토끼, 돼지, 소, 말, 개, 돌고래 등
어류	붕어, 뱀장어, 잉어, 숭어, 상어, 고등어 등
양서류	개구리, 도롱뇽, 맹꽁이, 두꺼비 등
파충류	뱀, 거북, 악어, 도마뱀 등
조류	참새, 닭, 비둘기, 꿩, 십자매 등

※ 질문을 생성한 후, 교사와 함께 이를 직접 해결해 보는 활동도 유익할 것이다. 예를 들어, 각각의 동물 종류의 사진을 보며 해당 분류의 특징을 가지고 있는지 이야기해 볼 수 있다.

5차시: 얼마나 이해했을까?

🔍 차시의 특성

학습할 내용을 이해하는 데에 질문 혹은 물음, 즉 '문제'는 꼭 알아야 하는 핵심내용이 무엇인지 가이드해 주는 역할을 하며, 채점과 풀이 과정을 거치면서 모르는 내용을 확인하고 보충할 수 있도록 도와준다. 학습을 어려워하는 학생일수록 자신이 모른다는 것에 대한 부정적인 감정으로 인해 복습이 잘 이루어지지 않아 문제 풀이를 통한 학습의 선순환이 발생하지 않는 경우가 많다. 그로 인해 문제를 더욱 멀리하게 되면 문제 풀이 과정으로부터 얻을 수 있는 자기 점검의 기회를 잃게 된다.

따라서 학습부진 학생은 문제를 맞닥뜨렸을 때 일단 거부감을 가지는 대신 문제로부터 자신이 얻을 수 있는 것을 명시적으로 배울 필요가 있다. 5차시의 핵심은 글에 대한 내용을 묻는 문제를 풀고 정답 확인 과정을 통해 자신이 알고 있는 내용과 모르는 내용을 파악하는 것이다. 활동 제재로 주어진 글은 3학년 2학기 읽기 교과서에 수록된 설명문이며, 문제의 난이도는 학습장애나 부진 학생에게 다소 어려운 편이다. 문제를 풀고 나서 정답의 여부를 스스로 추측해 본 후 실제로 채점을 함으로써 자신이 알고 있다는 사실 또는 모르고 있다는 사실을 인지하고 있는지의 여부를 초인지적으로 파악할 수 있다. 교사는 이 과정을 지원해 주기 위하여 학생이 스스로 한 단계씩 나아가며 자신의 생각에 대해 생각해 볼 수 있도록 지도해 줄 수 있다.

이러한 전략을 꾸준히 연습하여 문제풀이에 익숙해지면 학습의 기초를 다지는 데 도움이 됨은 물론 더불어 중등교육에서 필수적인 시험을 보는 기술도 준비될 수 있을 것이다.

학습목표	■ 문제를 통해 글의 내용을 파악할 수 있다.
	■ 알고 있는 것과 모르고 있는 것을 스스로 파악할 수 있다.

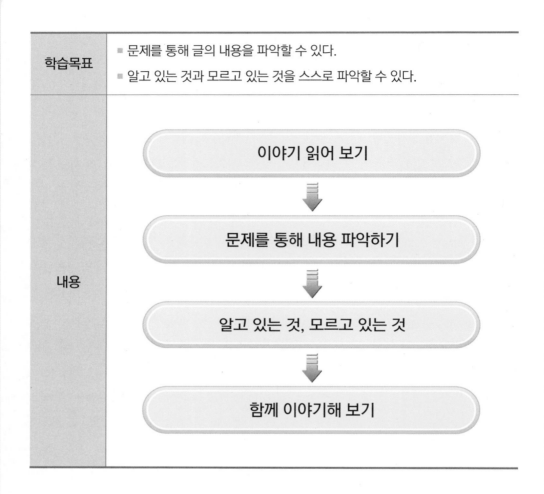

내용	이야기 읽어 보기
	↓
	문제를 통해 내용 파악하기
	↓
	알고 있는 것, 모르고 있는 것
	↓
	함께 이야기해 보기

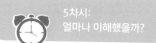

다음 글을 읽어 봅시다.

콩이 된장으로 변했어요

할머니께서 메주를 방에 매달아 놓으셨다. 방에서 이상한 냄새가 났다.
"할머니, 냄새가 너무 심해요!"
"그래, 그래도 된장찌개는 잘 먹지?"
할머니께서는 메주가 익으면 된장을 담그신다.
나는 할머니께서 끓여 주시는 된장찌개를 좋아한다. 된장찌개만 있으면 밥을 두세 그릇도 뚝딱 해치운다. 그럴 때면 메주에서 냄새가 난다고 투덜거린 것이 죄송스럽다. 이렇게 맛있는 된장은 어떻게 만드는 것일까?
나는 메주로 된장을 만드는 과정을 자세히 알아보았다.
먼저, 메주콩을 열두 시간 동안 물에 불린 뒤에 푹 삶습니다. 삶은 콩은 절구에 찧어 반죽처럼 만듭니다. 찧은 콩 반죽을 네모난 모양으로 빚어 메주를 만듭니다.
잘 만든 메주를 따뜻한 방에서 꾸덕꾸덕할 때까지 말립니다. 메주를 따뜻한 곳에 두면, 우리 몸에 이로운 성분이 생깁니다. 2~3일간 메주를 잘 말려 볏짚으로 묶어 띄울 준비를 합니다.
메주를 볏짚으로 묶어 바람이 잘 통하는 곳에 매달아 놓습니다. 볏짚과 공기 중에는 메주를 분해하는 여러 가지 미생물이 살고 있습니다.
메주를 서너 달 동안 매달아 놓으면 된장의 고유한 맛과 향기를 내는 미생물이 번식합니다. 이 성분을 사람이 먹으면 몸이 튼튼하고 건강하게 됩니다.

이렇게 잘 띄운 메주를 깨끗이 씻어서 적당히 햇볕에 말립니다. 그런 뒤에 항아리에 메주와 소금물을 넣습니다. 이때 붉은 고추와 숯을 함께 넣어 줍니다. 붉은 고추와 숯은 잡균을 없애고 냄새를 제거해 주는 역할을 합니다. 20~30일이 지나면 항아리에서 메주를 건져 냅니다.

걸러 낸 건더기를 삭혀 된장을 만듭니다. 메주 건더기에 소금을 잘 뿌려서 항아리에 담습니다. 그리고 빗물이 들어가지 않게 주의하면서 햇볕을 쬐어 주면 메주가 삭아 된장이 됩니다.

문제를 통해 내용 파악하기

Tip 앞글에서 복잡하게 표현된 된장 만드는 과정을 학생 스스로 차근차근 이야기하면서 이해할 수 있도록 지도한다. 만드는 법이 복잡할 뿐 아니라 표현된 단어 또한 쉽지 않은 수준이기 때문에 어려워할 수 있다. 다음 단계에서 아는 부분과 모르는 부분을 확인할 것이므로 잘 몰라도 괜찮다는 점을 다독이며, 학생 스스로의 힘으로 풀도록 하고 다음 활동으로 넘어가도록 한다. 한 문제도 맞히지 못할 만큼 어려워할 경우에만 조금 돕도록 한다.

📋 다음 물음에 답하여 봅시다.

😊 메주콩을 물에 불려 삶은 뒤, 어떻게 합니까?

삶은 콩을 절구에 찧어 반죽처럼 만듭니다.

😊 잘 띄운 메주를 넣은 항아리에 무엇을 함께 넣을까요?

소금물, 붉은 고추와 숯

😊 메주를 만드는 과정을 순서대로 적어 보세요.

메주콩을 물에 불린 뒤 삶는다. 삶은 콩을 절구에 찧는다. 찧은 콩 반죽을 메주로 빚는다.

메주를 따뜻한 방에서 2~3일간 말린 후 볏짚으로 묶어 띄울 준비를 한다.

메주를 볏짚으로 묶어 바람이 잘 통하는 곳에 매달아 놓는다.

잘 띄운 메주를 깨끗이 씻어 햇빛에 말린 후, 소금물, 붉은 고추, 숯과 함께 20~30일 동안 항아리에 보관한다.

항아리에서 메주를 걸러 내어 삭히면 된장이 완성된다.

알고 있는 것, 모르고 있는 것

Tip 앞에서 풀어본 문제를 맞았는지 틀렸는지 예상해 보도록 한다. 자신이 알고 있는 것과 모르는 것을 얼마나 정확히 파악할 수 있는지 확인하기 위한 사전 활동이다. 그리고 답안지를 보거나 교사의 도움으로 채점을 해 본 후 자신의 예상과 일치하는지, 차이가 나는지 확인한다. 맞다고 생각했는데 실제로는 틀린 문제를 중점적으로 다시 보면서 채점 및 풀이 활동을 실습해 본다.

📋 내가 앞에서 풀어보았던 문제들 중 어떤 문제를 맞혔을지 예상하여 적어 봅시다.

문제	맞힘	틀렸음
1	○	
2	○	
3	○	

📋 이제 답안지를 보고 어떤 문제를 맞혔고 틀렸는지 선생님과 함께 확인해 봅시다.

문제	맞힘	틀렸음
1	○	
2		○
3		○

📋 내가 맞다고 생각했지만 틀린 문제가 있나요?

2, 3번

☺ 그렇다면 왜 맞았다고 생각했나요?

2번에 '붉은 고추와 숯'만 적은 경우: 2번은 '함께 넣는 것'에 대한 정보를 글에서 찾아 그대로 적었기 때문에 맞았다고 생각했다.

3번에 과정을 세분화하여 적느라 다섯 칸을 다 사용하여 마지막 단계를 빠뜨린 경우: 처음 과정부터 순서대로 적다 보니 칸이 모자라 마지막 단계는 쓰지 않아도 되는 줄 알았다.

☺ 정답을 확인한 후, 어떤 부분에서 잘못 생각했는지 이해가 되었나요?

2번: 강조되어 있는 고추와 숯뿐만 아니라 소금물도 함께 들어간다는 사실을 이해하였다.

3번: 한 칸에 두 단계 정도를 적더라도 마지막 과정까지 써야 한다는 점을 깨달았다.

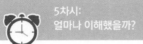
함께 이야기해 보기

📋 이번 시간에 새롭게 알게 된 점이나 느낀 점을 적어 봅시다.

> 문제를 풀 때마다 자꾸 틀려서 문제 푸는 것이 정말 싫었는데, 틀린 문제를 통해서 내가 모르는 부분을 확인하고 다시 공부할 수 있어서 좋았다.

문제가 괴롭다고요? 문제는 여러분을 괴롭히는 '괴물'이 아니라, 여러분이 글을 좀 더 정확하게 읽을 수 있는 '지도'랍니다. 문제를 한 번 보는 데서 끝나는 것이 아니라, 틀린 문제를 다시 한 번 풀어보면서 내가 잘 모르고 있던 글에 숨겨진 내용을 더 잘 이해할 수 있게 된답니다.

참고자료

☺ 다음의 수학 문제를 한 번 풀어 봅시다.

문제와 나의 답	나의 예상	채점
1) $2 + 7 =$		
2) $15 + 3 =$		
3) $32 + 19 =$		
4) $56 - 4 =$		
5) $24 - 16 =$		
6) $3 \times 5 =$		
7) $18 \times 40 =$		
8) $37 \times 24 =$		
9) $27 \div 9 =$		
10) $76 \div 3 =$		

- 위의 10문제를 맞았다고 생각하는지 또는 틀렸다고 생각하는지를 '나의 예상'란에 동그라미(〇) 또는 가위표(×)로 표시해 봅시다.
- 이제 선생님과 함께 실제 정답과 나의 답을 비교해 보고, 맞았는지 틀렸는지를 '채점'란에 동그라미(〇) 또는 가위표(×)로 표시해 봅시다.
- '나의 예상'과 '채점'이 다른 문제가 있나요? 그렇다면 나는 왜 '틀린 문제를 맞았다고' 또는 '맞은 문제를 틀렸다고' 생각했을까요? 선생님과 함께 이야기해 보세요.

[참고] 정답

문제	정답	문제	정답
1) $2 + 7 =$	9	6) $3 \times 5 =$	15
2) $15 + 3 =$	18	7) $18 \times 40 =$	720
3) $32 + 19 =$	51	8) $37 \times 24 =$	888
4) $56 - 4 =$	52	9) $27 \div 9 =$	3
5) $24 - 16 =$	8	10) $76 \div 3 =$	25…1

차시의 특성

5차시에서처럼 자신의 이해 정도를 스스로 파악하고, 무엇을 모르는지 알게 된 다음에는 그 부족한 부분을 메우는 단계가 뒤따라야 한다. 글을 읽고 나서 미처 이해가 되지 않은 데에는 여러 가지 이유가 있을 수 있다. 그중 6차시에서는 글의 의미를 채 파악하기 전에 성급하게 글자만을 보고 넘어간 경우에 대한 해결책을 제시해 줄 수 있는 두 가지 전략을 연습한다. 바로 다시 읽기와 천천히 읽기다.

글자를 해독했지만 글의 내용을 이해하는 단계에까지 이르지 못했을 때, 글을 다시 한 번 읽어 보면 처음 해독 과정에 소요된 인지적 노력을 절약할 수 있기 때문에 이해에 보다 충실히 임할 수 있다. 또한 소화해야 할 정보의 양이 많을 경우, 학생이 평소에 글을 읽어 내려가는 속도보다 천천히 읽음으로써 더 많은 정보를 획득할 수 있다.

학습목표	■ 교정 활동을 계획할 수 있다. ■ 교정 활동을 통하여 내용을 정확하게 이해할 수 있다.
내용	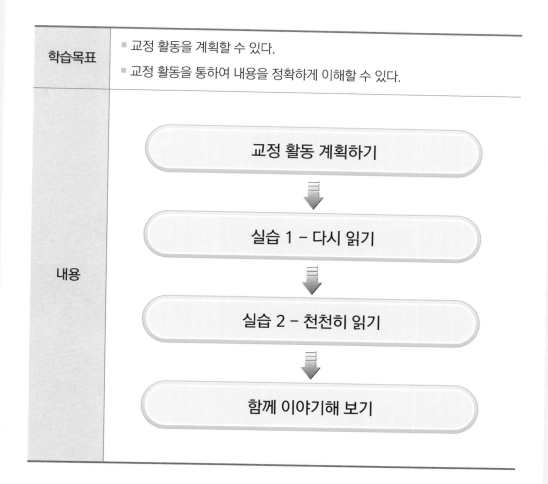

교정 활동 계획하기

Tip '다른 그림 찾기' 활동을 통해서 틀린 부분을 고치는 활동에 쉽게 접근할 수 있도록 한다.

📋 다음에 있는 '다른 그림 찾기'를 풀어 봅시다.

☺ 두 그림의 다른 부분을 몇 군데나 찾을 수 있었나요? 찾기 위해서 여러분은 어떤 방법을 사용하였나요?

7군데. 다른 부분을 찾기 위해서 두 그림을 자세히 살펴보았다.

모두 다 찾지 못하였다면 다시 한 번 천천히 살펴볼까요?

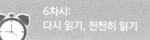

6차시:
다시 읽기, 천천히 읽기

실습 1 - 다시 읽기

Tip 글을 읽으면서 의미를 모르는 단어는 글의 앞뒤를 읽으며 최대한 유추해 볼 수 있도록 지도한다. 유추할 만한 단서가 없는 경우에는 함께 사전을 찾아보거나 인터넷을 통해 사진을 찾아보며 의미를 익힐 수 있도록 한다.

다음은 5차시에서 읽었던 '콩이 된장으로 변했어요'의 일부입니다. 다음의 글을 읽고 물음에 답해 봅시다.

> 먼저, 메주콩을 열두 시간 동안 물에 불린 뒤에 푹 삶습니다. 삶은 콩은 절구에 찧어 반죽처럼 만듭니다. 찧은 콩 반죽을 네모난 모양으로 빚어 메주를 만듭니다.
>
> 잘 만든 메주를 따뜻한 방에서 꾸덕꾸덕할 때까지 말립니다. 메주를 따뜻한 곳에 두면, 우리 몸에 이로운 성분이 생깁니다. 2~3일간 메주를 잘 말려 볏짚으로 묶어 띄울 준비를 합니다.
>
> 메주를 볏짚으로 묶어 바람이 잘 통하는 곳에 매달아 놓습니다. 볏짚과 공기 중에는 메주를 분해하는 여러 가지 미생물이 살고 있습니다.

☺ 글을 읽으면서 모르는 단어가 있다면 다음 칸에 적어 보고, 뜻을 생각해 봅시다.

단어	뜻
찧어(찧다)	절구에 절굿공이로 계속 빻아서 곱게 만들다
꾸덕꾸덕	물기가 거의 말라서 꽤 단단한 상태
띄우다	메주를 발효시키다
분해하다	작은 단위로 나누다

뜻을 적지 못한 단어가 있나요? 다시 한 번 읽고 뜻을 생각해 보세요.

미생물: 눈으로 볼 수 없는 아주 작은 생물

뜻을 모르는 단어나 내용이 있을 때에는 모르는 부분을 다시 한 번 읽으면서 글 속에서 단어나 내용의 의미를 파악해 볼 수 있습니다.

실습 2 - 천천히 읽기

Tip 체조를 하는 방법을 설명하는 글을 다시 천천히 읽어 보면서 체조를 직접 따라할 수 있을 만큼 이해하고 이를 표현할 수 있도록 지도한다.

📋 다음은 4차시에서 읽었던 '즐거운 체조 따라 하기'의 일부입니다. 다음의 글을 읽고 물음에 답해 봅시다.

즐거운 체조 따라 하기

1. 엉덩이 당기기

　몸을 바르게 하여 바닥에 누워 다리를 구부립니다. 두 손을 머리 뒤로 하여 깍지를 낍니다. 구부린 오른쪽 다리 위로 왼쪽 다리를 올려놓고 왼쪽으로 쏠리듯 왼쪽 다리에 힘을 줍니다. 동작을 반대로도 하여 여러 번 반복합니다.

☺ 엉덩이 당기기는 어떻게 하는 걸까요? 글을 한 번 읽고, 옆에 있는 사람에게 설명해 봅시다.

Tip 직접 설명해 보도록 독려한다. 필요하다면 직접 동작으로 보여 주는 것도 괜찮다고 지도한다.

☺ 설명하면서 느낀 어려움이 있었나요? 잘 이해가 안 된 부분이 있었다면 다시 천천히 읽으면서 파악해 보세요.

Tip 학생이 제대로 이해하지 못한 부분이 있다면 먼저 스스로 파악하도록 기회를 주고, 교사가 보기에 부족한 부분도 다시 천천히 읽으며 이해할 수 있도록 지도한다.

☺ 어느 정도 파악이 되었나요? 이제는, 실제로 '엉덩이 당기기' 동작을 해 봅시다.

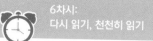
함께 이야기해 보기

📋 이번 시간에 새롭게 알게 된 점이나 느낀 점을 적어 봅시다.

처음 읽었을 때 잘 몰랐던 내용도 다시 읽고 천천히 읽으니 더 잘 알 수 있었다.

글을 한 번 읽고서는 모든 내용을 파악하기 쉽지 않답니다. 또 급하게 글을 대충 대충 읽는다면 중요한 내용을 놓칠 수 있어요.

모르는 내용을 알게 되는 방법에는 다시 읽기와 천천히 읽기가 있습니다. 글을 읽을 때에는 마음을 조급히 가지지 말고 천천히 시간을 들여 읽어 보세요.

참고자료

☺ 다음 이야기를 읽고 물음에 답해 봅시다.

(가) 고장에서는 농산물과 축산물이 많이 생산됩니다. (나) 고장은 박물관이 있으며 가전제품을 만드는 공장과 옷을 만드는 공장이 있습니다. (가) 고장 사람들은 박물관을 구경하거나 가전제품이나 옷을 사기 위해 (나) 고장에 갑니다. (나) 고장 사람들은 (가) 고장에서 들여온 농산물과 축산물을 시장에서 사 먹습니다. 그런데 (가) 고장과 (나) 고장 사이의 길이 비가 너무 많이 와서 끊어지고 말았습니다.

■ (가) 고장과 (나) 고장에서는 어떤 일이 생길까요?

(가) 고장	(나) 고장
(나) 고장으로 가는 길이 끊겨, 더 이상 박물관을 구경할 수 없고, 가전제품이나 새 옷을 살 수 없게 됩니다.	(가) 고장에서 농산물과 축산물을 들여오지 못해, 시장에서 맛있는 고기와 쌀, 과일 등을 사 먹지 못하게 됩니다.

■ 작성한 답안을 선생님과 이야기해 보고, 부족한 부분이 있다면 글을 다시 한 번 천천히 읽어 봅시다. 필요하다면 위의 그림도 함께 살펴보면서 생각해 봅시다.

※ 출처: 3학년 2학기 사회, 33쪽.

7차시: 복습은 중요해

🔍 차시의 특성

복습이란 이미 학습한 내용을 다시 공부하여 익히는 것을 말한다. 많은 경우 다음 단계로 자신 있게 넘어가기 위해서는 복습을 통해 앞서 배운 단계를 잘 해결하고 습득해야 한다. 하지만 어렵게 치렀던 시험지를 돌려받은 학생은 그것으로 공부가 끝났다고 생각할 가능성이 높다. 귀찮고 짜증 나는 마음이 틀린 문제를 다시 한 번 보고 배우려는 마음보다 더 크기 때문에 복습하는 과정을 넘겨 버린다. 복습에 걸림돌이 되는 이러한 학생의 마음을 먼저 이해하고 수용해 주는 것이 중요하다.

7차시는 복습하기 싫어하는 학생의 마음을 먼저 다루어 준 후, 몇 가지 예시를 통하여 학생이 복습의 중요성을 몸소 느낄 수 있도록 하였다. 그리고 효과적인 복습 방법 중 하나인 반복전략을 통해 복습을 실천해 보고 그 효과를 느껴 보도록 하였다. 반복전략은 정보를 반복적으로 말함으로써 암기하는 데 도움을 주는 전략이다. 이 차시에서는 학습하고자 하는 정보를 반복적으로 필기하면서 반복하기, 정보를 반복적으로 말하기 등의 기술을 익힌다.

학습목표	■ 공부의 순환적 모델을 통해 복습의 중요성에 대해 알 수 있다. ■ 배운 내용을 반복하여 복습을 연습한다.
내용	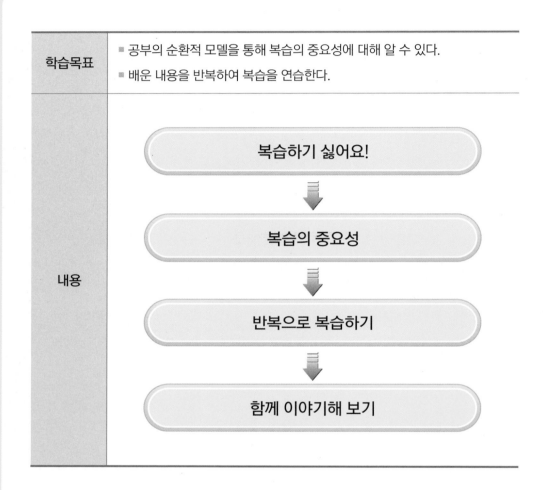

복습하기 싫어요!

복습의 중요성

반복으로 복습하기

함께 이야기해 보기

복습하기 싫어요!

Tip 복습의 중요성을 가르치기 전에 우선 학생이 경험하는 복습에 대한 부정적인 정서를 함께 알아보고 공감해 주는 것이 필요하다. 학생 자신뿐만 아니라 다른 사람들도 복습에 대한 부담감과 괴로움을 겪는다는 것을 알게 하고, 그럼에도 복습을 함으로써 효과적인 학습을 할 수 있다는 것을 느끼게 한다.

📋 희수는 일주일 전에 단원평가를 보았어요. 오늘 채점된 시험지를 돌려받았어요. 이크, 빨간 줄이 많이 그어져 있네요!(희수는 어떤 행동을 했을까요?)

(1) 재빨리 시험지를 가방 안에 집어넣는다.

(2) 시험지를 찬찬히 살펴보고 어떤 문제를 틀렸는지 점검한다.

📋 2번을 선택했다면 참 좋았겠죠? 하지만 시험 문제를 많이 틀린 희수는 정말 어떤 마음일까요?

- 저번 주에 시험 본 것으로 충분해. 이걸 또 봐야 해?
- 귀찮아. 안 볼래.
- 이미 틀린 문제를 봐 봤자 뭐해?
- 짜증 나. 왜 이렇게 많이 틀렸지?
- 다시는 시험 보기 싫어!

📋 틀린 문제를 다시 보는 것은 새로운 문제를 푸는 것보다 더 힘들 수 있어요. 비슷한 상황에 처한 나의 모습을 보고 어떤 마음이 드는지 적어 보아요.

보기 싫고 속상하여 의욕이 떨어진다.

짜증이 나고, 귀찮고, 울고 싶다.

복습의 중요성

 복습하기 귀찮고 힘든 마음은 있을 수 있어요. 하지만 복습은 다음 단계로 나아가기 위한 아주 중요한 과정이랍니다.

📋 다음 문제를 풀어 보세요.

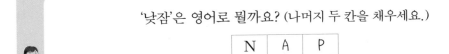
'낮잠'은 영어로 뭘까요? (나머지 두 칸을 채우세요.)

N	A	P

📋 다음은 앞 문제의 다음 문제입니다. 풀어 보세요.

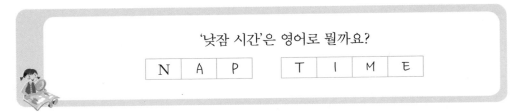
'낮잠 시간'은 영어로 뭘까요?

N	A	P		T	I	M	E

📋 두 번째 문제를 자신 있게 풀기 위해서는 첫 번째 문제를 해결해야 해요. 자, 첫 문제의 답을 알려드릴게요. (77쪽에 나와 있어요.) 그럼 다시 두 번째 문제를 풀어 볼까요? 처음 풀어 보았을 때와 다른 점이 있다면 이야기해 보아요.

 Tip 학생이 이전 단계를 잘 수행하여 제대로 학습했을 때 그 배운 지식을 다음 단계에서 응용할 수 있다는 것을 느끼게 하는 것이 이 활동의 목적이다. 특히 수학 혹은 영어와 같은 과목에서는 누적된 지식을 통해 다음 단계로 넘어가는 과정을 거치기 때문에 복습을 통해 새로운 지식을 잘 소화해 내는 것이 필수적이다.

반복으로 복습하기

Tip 반복하는 것이 기억에 효과가 있다는 것을 보여 주는 활동이다. 이때 하나의 감각을 이용하는 것보다 최대한 여러 감각을 활용하여 반복하는 것이 더욱 효과적이다. 눈으로 계속 보고, 손으로 쓰고, 소리 내어 귀로 들으면서 반복한다.

📋 시험을 위해 외워야 할 내용이 있다면 반복하는 과정을 통해 복습을 할 수 있어요. 반복의 힘을 한번 느껴 볼까요?

😊 다음 외워야 할 내용을 딱 한번 눈으로 훑어보세요.

$$5\ 6\ 0\ 1\ 4\ A\ 8\ M\ 2\ 9\ 2\ 7\ 3$$

😊 즉시 손으로 가리고 외운 것을 적어 보세요.

56913AON....

맞았나요?   예 /⦗아니요⦘

😊 이번에는 외워야 할 내용을 보며 5번 적어 보세요.

1. 56014A8M29273

2. 56014A8M29273

3. 56014A8M29273

4. 56014A8M29273

5. 56014A8M29273

그리고 다시 5번을 소리 내어 읽으면서 적어 보세요.

6. ㄴ6014A8M29273

7. ㄴ6014A8M29273

8. ㄴ6014A8M29273

9. ㄴ6014A8M29273

10. ㄴ6014A8M29273

☺ 이제 위에 적은 것을 손이나 종이로 가리고, 외운 내용을 적어 보세요.

ㄴ6014A8M29273

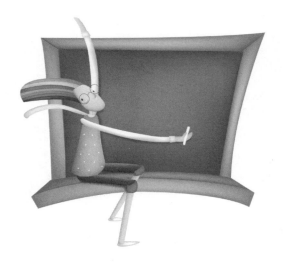

함께 이야기해 보기

📋 이번 시간을 통해서 복습에 대해 새로 알게 된 점이 있다면 적어 봅시다.

> 복습을 열심히 하니 학습에 더 도움이 되고 외우기 실력도 향상되어 좋아진 것 같다.

(74쪽의 답): 　N　A　P

참고자료

☺ 반복의 기본은 노출이다. 배운 정보를 다양한 방법으로 지속적으로 접하는 것이
   중요하다.
   • 집 화장실에 복습하고자 하는 내용을 써 붙인다.
   • 내 목소리로 녹음을 하여 자기 전에 듣는다.
   • 엄마에게 배운 내용을 알려 주고, 시간이 날 때마다 나에게 질문해 달라고 부탁
     한다.
   • 등·하교 시간을 이용하여 내용을 머릿속으로 계속 반복한다.
   • 아침에 일어나서 제일 먼저 복습할 내용을 읽거나 써 본다.

☺ 학생이 위 방법 중 실천해 보고 싶은 것이 있는지 알아보게 한다.

☺ 실천해 볼 수 있는 다른 반복 방법을 모색해 본다.

8차시: 복습하기 1

차시의 특성

　복습을 할 때 잘 이해한 부분까지 다시 보는 것도 좋지만, 시간을 효율적으로 사용하여 공부하기 위해서는 잘 모르는 부분에 시간과 노력을 좀 더 기울이는 것이 좋다. 그러기 위해서는 처음 학습 내용을 접할 때, 잘 이해한 부분과 잘 모르는 부분을 나누어 체크해 두는 전략을 사용하는 것이 필요하다.

　8차시에서는 학생 스스로 Q & A 문제집과 마인드맵을 만들어 효과적으로 복습하는 방법을 배우는 것을 목표로 한다. 복습을 할 때 배운 내용을 바탕으로 스스로 질문을 만들어 답해 보는 방법이 Q & A 문제집 전략이다. 질문을 만들면서 자연스럽게 학습 내용을 생각하게 되며, 자신이 만든 문제이기 때문에 기억에 잘 남는 효과를 볼 수 있다. 또한 마인드맵은 딱딱한 글의 내용을 스스로 알아보기 쉽게 그림으로 정리하는 전략이다.

| 학습목표 | ■ 배운 내용에서 잘 모르는 것을 발견하여 Q&A 문제집을 만들 수 있다. |
| | ■ 읽은 내용을 마인드맵을 통해 다시 정리할 수 있다. |

| 내용 | 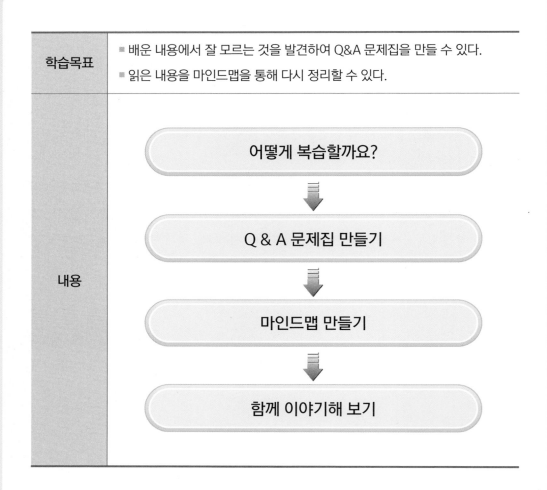 |

어떻게 복습할까요?

　　복습을 하려면 우선 잘 이해한 부분과 잘 모르는 부분을 나누어 체크해 두는 것이 좋아요. 잘 이해한 부분까지 다시 보는 것도 좋을 수 있지만, 잘 모르는 부분에 시간과 노력을 좀 더 기울일 수 있어야 효율적으로 공부할 수 있기 때문이죠.

다음 글을 읽고 잘 모르는 단어나 문장 혹은 주제를 표시해 보아요.

　　옛날에는 신부 집에서 결혼식을 올렸습니다. 혼인날 신랑은 말을 타고 신부 집으로 갔습니다. 신랑은 옛날 벼슬아치들의 옷을 입었고, 신부도 궁중 의식에 쓰이던 옷을 입었습니다. 신부집에 도착한 신랑이 나무 기러기를 신부 측에 건네주면서 혼례가 시작됩니다. 신랑과 신부는 맞절을 하고 술잔을 주고받으며 둘이 결혼했음을 사람들에게 널리 알립니다. 혼례를 치르고 신부 집에서 며칠을 머문 후에 신랑은 말을, 신부는 가마를 타고 신랑 집으로 갑니다. 신부가 신랑의 집에 도착하면 어른들에게 큰절을 올리며 새 식구가 되었음을 알립니다. 어른들은 신랑과 신부를 축복하며 맞이합니다.

모르는 단어의 뜻을 적어 봅시다.

벼슬아치, 궁중 의식, 나무 기러기의 정확한 뜻과 예시

Q & A 문제집 만들기

배운 내용을 바탕으로 질문을 만들고 스스로 답해 보는 것은 배운 내용을 복습할 수 있는 방법 중 하나입니다. 내가 만든 문제를 맞혀 가며 즐겁게 복습해 봅시다.

우리가 사용하는 단어들 중 글자 모양이 비슷하지만 다른 뜻으로 쓰이는 단어들이 많습니다.

느리다	어떤 동작을 하는 데 시간이 오래 걸리다.
늘이다	어떤 물건을 원래 크기보다 더 길게 만든다.
거름	식물이 잘 자라도록 흙에 주는 영양분
걸음	두 발을 옮겨 놓는 동작
가르치다	모르는 내용을 알게 하다.
가리키다	손가락 따위로 어떤 방향이나 대상을 집어서 보이거나 말하거나 알리다.

자, 문제를 만들어 볼까요? 아래에 적어 봅시다.

동생에게 수학 문제를 _____ .

칠판을 손으로 _____ .

식물에 영양분을 주려고 _____ 을 주었다.

양손에 고무줄을 끼워서 쭉 _____ .

마인드맵 만들기

 마인드맵은 글의 내용을 그림으로 정리하여 보다 기억하기 쉽도록 하는 도구입니다. 마인드맵을 통하여 내가 배운 내용을 복습해 보도록 합시다.

> 동물은 바다에 사는 동물, 강과 호수에 사는 동물, 땅에 사는 동물, 하늘을 나는 동물로 분류할 수 있습니다. 바다에 사는 동물은 물고기, 게, 고래 등이며, 강과 호수에 사는 동물에는 왜가리, 수달이 있습니다. 땅에 사는 동물은 사자, 고양이, 뱀 등이 있으며, 하늘을 나는 동물은 독수리와 잠자리 등이 있습니다.
>
> 출처: 3학년 2학기 과학

☺ 사는 곳에 따라 동물을 분류하여 마인드맵을 그려 봅시다.

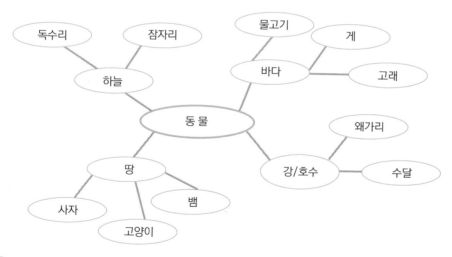

 Tip 마인드맵은 중요한 내용을 시각적으로 보기 쉽게 구성함으로써 내용 파악을 돕고 보다 쉽게 복습할 수 있도록 하는 효과가 있다. 내용에 따라 학생이 색연필을 사용하여 더욱 시각적인 마인드맵을 만들 수도 있다. 단, 너무 예쁘게 꾸미는 데에 불필요하게 많은 시간을 사용하지 않도록 주의시키는 것이 필요하다.

함께 이야기해 보기

이번 시간을 통해서 복습에 대해 새로 알게 된 점이 있다면 적어 봅시다.

복습을 잘하는 방법과 다양한 방법을 알게 되었고, 어떤 효과가 있는지 알게 되어서 좋았다.

복습을 잘 해야겠다는 생각이 든다.

 참고자료

복습 계획표 짜기

복습이 필요한 과목	단원/페이지	전략	실천 여부

🔍 차시의 특성

9차시는 놀이와 활동적인 방법을 통해 복습을 보다 즐겁게 할 수 있도록 돕는다. 이번 차시를 통해 복습이 무작정 반복하는 지루한 활동이 아니라는 것을 느낄 수 있도록 한다.

이 차시에서는 카드 뒤집기 놀이와 같은 게임을 통해 시간을 투자해 외워야 하는 학습 내용을 오히려 즐겁고 자연스럽게 습득할 수 있도록 할 수 있다. 또한 역할놀이를 하며 배운 내용을 선생님처럼 다른 누구에게 설명하면서 복습할 수도 있다. 누군가에게 지식을 전달하려고 할 때 자신이 미흡하게 습득한 부분이 어떤 부분인지 실감할 수 있게 되고, 선생님 역할을 하면서 학습한 내용에 대해 더욱 큰 자신감을 갖게 된다.

학습목표	■ 놀이를 하면서 즐겁게 반복할 수 있다. ■ 다른 사람에게 설명을 하면서 복습할 수 있다.
내용	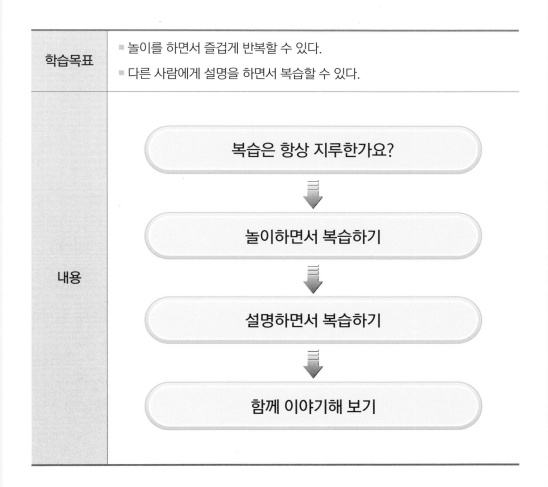

복습은 항상 지루한가요?

복습은 무작정 반복하고, 무엇을 새로 만들어 내고, 하기 싫은 활동들을 하면서 해야 하는 지루한 활동이 아니랍니다. 다양하고 창의적인 방법으로 좀 더 즐겁게 복습할 수 있어요.

📝 게임과 역할놀이로 복습을 할 수 있다면 어떨까요?

우선 복습을 게임으로 해 보기 전에 먼저 배울 내용을 함께 살펴봅시다. 다음에 적혀 있는 우리나라 속담을 훑어보세요. 이미 들어 본 속담들도 있을 거예요. 처음 보는 속담이라면 머릿속에 담을 수 있도록 조금 더 천천히 읽어 보세요.

- 가는 말이 고와야 오는 말도 곱다: 내가 먼저 남에게 잘해야 남도 나에게 잘한다.
- 낫 놓고 기역 자도 모른다: 아주 무식하다.
- 마른 하늘에 날벼락: 뜻밖에 재앙을 당하였다.
- 방귀 뀐 놈이 성낸다: 자기가 잘못해 놓고서 도리어 화를 내는 경우
- 사촌이 땅을 사면 배가 아프다: 남이 잘되는 것을 질투한다.
- 아니 땐 굴뚝에 연기 날까: 원인이 없는 결과는 없다.
- 아는 길도 물어 가라: 아무리 쉬운 것이라도 소홀히 여기지 말고 신중해야 한다.
- 엎드려 절 받기: 상대방은 마음이 없는데 요구를 하여 대접받는다.
- 작은 고추가 더 맵다: 작은 사람이 오히려 큰 사람보다 더 낫고 단단하다.
- 쥐구멍에도 볕 들 날이 있다: 몹시 고생하는 사람도 성공할 날이 있다.
- 콩 심은 데 콩 나고 팥 심은 데 팥 난다: 모든 일은 원인에 따라 결과가 생긴다.
- 하늘이 무너져도 솟아날 구멍이 있다: 아무리 어려운 일을 당하더라도 해결할 방법이 있다.

놀이하면서 복습하기

📋 친구와 짝을 지어 카드 뒤집기 놀이를 해 봅시다.

☺ 속담을 보고, 속담의 뜻을 올바르게 설명하면 카드는 내 차지!

가는 말이 고와야 오는 말도 곱다	사촌이 땅을 사면 배가 아프다	작은 고추가 더 맵다
낫 놓고 기역 자도 모른다	아니 땐 굴뚝에 연기 날까	쥐구멍에도 볕 들 날이 있다
마른 하늘에 날벼락	아는 길도 물어 가라	콩 심은 데 콩 나고 팥 심은 데 팥 난다
방귀 뀐 놈이 성낸다	엎드려 절 받기	하늘이 무너져도 솟아날 구멍이 있다

☺ 속담의 뜻을 듣고, 속담을 올바르게 말하면 카드는 내 차지!

내가 먼저 남에게 잘해야 남도 나에게 잘한다.	남이 잘되는 것을 질투한다.	작은 사람이 오히려 큰 사람보다 더 낫고 단단하다.
아주 무식하다.	원인이 없는 결과는 없다.	몹시 고생하는 사람도 성공할 날이 있다.
뜻밖에 재앙을 당하였다.	아무리 쉬운 것이라도 소홀히 여기지 말고 신중해야 한다.	모든 일은 원인에 따라 결과가 생긴다.
자기가 잘못해 놓고서 도리어 화를 내는 경우	상대방은 마음에 없는데 요구를 하여 대접받는다.	아무리 어려운 일을 당하더라도 해결할 방법은 있다.

설명하면서 복습하기

내가 배운 내용을 선생님처럼 설명하면서 복습할 수 있습니다. 무엇인가를 설명하는 것은 그 내용을 올바르게 이해하고 내 것으로 만든 후에 가능한 일이니까요.

다음의 내용을 학습하고 난 후 주변 친구나 선생님, 부모님에게 선생님처럼 설명해 보도록 합시다.

전통 제례 중에는 마을 사람들이 함께 지내는 마을 제사도 있습니다. 마을 제사는 마을의 조상신이나 수호신에게 마을의 풍요와 안녕을 기원하는 전통 제례입니다. 마을 제사 중 하나인 산신제는 산신에게 마을의 풍요와 마을 사람들의 건강을 기원하는 마을 제사입니다. 마을 사람들이 신성하게 여기는 장소에 정성껏 준비한 음식을 차려 놓고 나쁜 기운을 몰아내는 의식을 합니다. 또 다른 마을 축제로는 풍어제가 있는데, 어부들이 무사히 고기를 많이 잡아 오고, 마을이 평안하기를 기원하며 지냅니다. 땅이나 배 위에서 춤과 노래를 곁들인 굿을 하며 마을 주민들도 축제에 참여합니다.

출처: 3학년 2학기 사회

Tip 학생이 교과서 내용을 선생님처럼 가르치면서 뿌듯함을 느낄 수 있도록 돕는다. 더욱 실감이 날 수 있도록 내용을 설명한 후 진짜 선생님처럼 짧은 퀴즈를 내 보는 것도 재밌는 방법이다.

함께 이야기해 보기

이번 시간을 통해서 복습에 대해 새로 알게 된 점이 있다면 적어 봅시다.

설명하며 복습하기를 친구와 해 보고 싶고, 놀이를 하며 복습하니 더 잘 복습이 되고 머리에 쏙쏙 들어온다.

에빙하우스의 망각곡선

　학습 후 10분 후부터 학습 내용을 잊기 시작하여, 1시간 후에는 50%, 하루가 지나면 70% 그리고 한 달 후에는 80%를 망각하게 된다고 합니다. 이러한 자연스러운 망각 현상으로부터 학습한 내용을 보호하려면 복습을 꼭 해야 합니다.

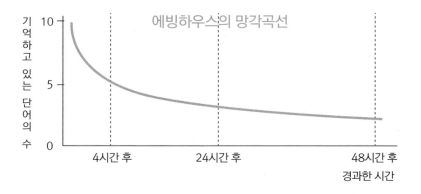

　10분 후에 복습하면 1일 동안 기억되고, 다시 1일 후에 복습하면 1주일 동안, 1주일 후에 복습하면 1달 동안 그리고 1달 후 복습하면 6개월 이상 기억된다는 연구 결과가 있습니다.

　즉, 한 번 공부했다고 해서 학습을 잘한 것이라고 생각해서는 안 되겠죠. 일정한 시간의 범위로 나누어 반복적으로 학습해야 진정으로 그 학습 내용을 내 것으로 만들 수 있습니다.

10차시: 초인지 공부 방법 사용하기

차시의 특성

초인지전략은 자신의 인지를 통제하고 조절하는 데 관련된 전략들이라고 할 수 있다. Flavell이 처음으로 초인지와 메타기억이라는 용어를 사용한 후에 초인지는 인지심리학, 발달심리학 등의 분야에서 주요한 연구 대상이 되어 왔다(김홍원, 1993 재인용).

초인지는 자신의 사고 과정에 대한 지식, 즉 초인지적 지식과 사고 과정에 대한 반성적 통제 과정인 초인지적 자기 조정이라는 두 가지 측면으로 이루어져 있다.

초인지 학습전략은 인지전략을 사용하기 위한 계획을 세우는 계획 단계, 자신의 사고 과정과 학습 행동을 되돌아보는 점검 단계, 자신의 학습을 되돌아보는 활동 결과에 따라 교과서를 다시 읽어 보거나 수업 환경 바꾸기, 주위 사람들에게 도움을 요청하기 등 자신의 학습을 교정하기 위해 초인지적(메타인지적) 자기조절 활동을 하는 것이 포함된다.

정리하면, 초인지전략이란 지식의 적절한 활용, 자신의 지식 상태를 자문하는 것, 인지적 활동을 통제하는 기능, 학습전략을 현명하게 스스로 선택하고 전개하기 위해서 학습자가 무엇을 알아야 되는가에 대한 자기 질문, 무엇을 할 것인가에 대한 선택 및 계획, 무엇이 행해지고 있는가에 대한 모니터링, 도달한 목표에 확신을 얻기 위한 행동, 자신의 인지에 대한 자가 인지 통제 능력 등을 말한다.

학습목표	■ 상황에 맞는 공부 방법을 말할 수 있다. ■ 초인지 공부 방법을 사용할 수 있다.
내용	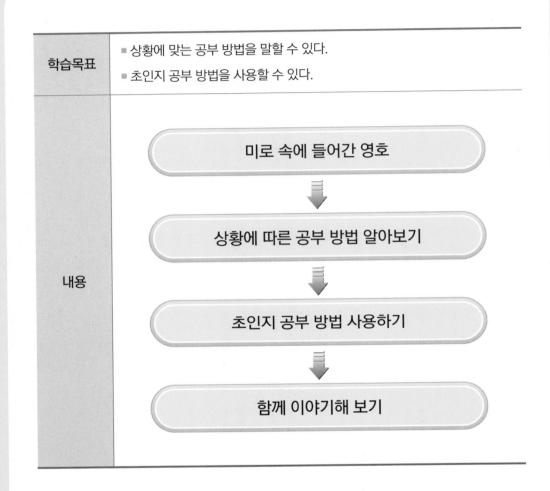

10차시:
초인지 공부 방법 사용하기

미로 속에 들어간 영호

📋 미로 속에 들어간 영호의 이야기를 읽어 봅시다.

    영호는 부모님과 함께 제주도의 김녕 미로 공원에 놀러 갔습니다. 미로 공원은 나무들로 복잡한 길을 만들어 놓은 공원입니다. 자신의 키보다 훨씬 큰 나무들 사이에서 밖으로 나가는 길을 찾는 것이 영호에게는 쉽지 않은 일입니다. 영호는 어떻게 해야 이 길을 빨리 벗어날 수 있을지 생각해 보고 있습니다.

😊 아무것도 없이 미로 속에 있다면 영호의 마음이 어떨까요?

답답하다, 막막하다, 두렵다

😊 영호에게 무엇이 있다면 밖으로 나가는 길을 찾는 데 도움이 될까요?

지도, 날개

☺ 영호에게 필요한 것들을 살펴봅시다.

필요한 것	설 명
　　높은 곳	높은 곳에 올라가면 미로를 한눈에 볼 수 있기 때문에 어느 길로 가면 쉽게 나갈 수 있는지를 알 수 있습니다.
　　전체 사진	전체 사진은 독수리가 높은 곳에서 전체를 보듯이 찍은 사진을 말합니다. 전체 사진을 가지고 있다면 밖으로 나가는 길을 쉽게 찾을 수 있습니다.
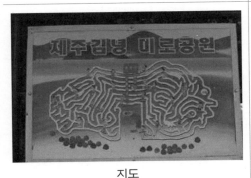　　지도	지도를 가지고 있다면 나가는 길을 알 수 있기 때문에 어렵지 않게 길을 찾아갈 수 있습니다.

세 가지 모두 나가는 길을 찾는 데 꼭 필요한 것들입니다. 높은 곳에 올라가 보면 내가 어느 자리에 있었는지 눈으로 직접 확인할 수 있고, 지도를 가지고 있다면 미로 속에 있을 때 수시로 나의 위치를 확인할 수 있게 됩니다.

상황에 따른 공부 방법 알아보기

📋 상황에 따른 몇 가지 공부 방법을 알아봅시다.

[상황 1] 미지는 공부를 잘하고 싶기는 한데 왜 공부를 해야 하는지 어디까지 공부를 해야 하는지 잘 알지 못합니다. 그러다 보니 공부를 하고 싶기는 한데 어떻게 해야 할지 머릿속이 캄캄하기만 합니다.

☺ 미지에게 필요한 초인지 공부 방법은 무엇인가요?

자기진단

☺ 왜 그 방법이 필요하다고 생각하나요?

모르는 것을 알아야 시간 낭비를 하지 않는다.

[상황 2] 전체 내용을 대충 읽다 보면 궁금한 내용이 생기게 됩니다. 당연히 내가 모르는 내용이 있기 때문이죠. 그럴 때는 당황하지 않고 모르는 내용을 질문으로 만들어 두면 나중에 자세히 공부할 때 도움이 됩니다.

☺ 위에 설명한 초인지 공부 방법은 무엇인가요?

질문 생성

☺ 이 방법을 사용하면 좋은 점이 무엇인가요?

답을 찾으면서 확실히 알게 된다.

[상황 3] 의사 선생님이 하는 중요한 일은 아픈 곳을 정확하게 알아보는 일입니다. 아픈 곳을 정확하게 알아야 어떻게 고칠 수 있는지 알 수 있기 때문입니다. 공부 역시 마찬가지입니다. 모든 것을 처음부터 잘 알 수 없기 때문에 모르는 것이 무엇인지 정확하게 알아야 공부에 도움이 됩니다.

☺ 위에 설명한 초인지 공부 방법은 무엇인가요?

자기진단
_____

☺ 이 방법을 사용하면 좋은 점이 무엇인가요?

효과적으로 공부할 수 있다.
_____

[상황 4] 알고 있는 지식이 많아질수록 공부의 큰 그림을 쉽게 알 수 있게 됩니다. 다양한 지식을 알려 주는 '이것'을 많이 보게 되면 전체 공부 방법을 이해하는 것이 점점 더 쉬워지게 됩니다. 그래서 어른들이 '이것'을 많이 보아야 한다고 강조하기도 합니다.

☺ 위에 설명한 초인지 공부 방법은 무엇인가요?

책 읽기
_____

☺ 이 방법을 사용하면 좋은 점이 무엇인가요?

공부 내용을 쉽게 알 수 있다.
_____

초인지 공부 방법 사용하기

📋 지금까지 배웠던 초인지 공부 방법을 사용하여 공부 계획을 세워 봅시다.

😊 공부 방법을 내가 아는 대로 정리해 봅시다.

방 법	설 명
목표 세우기	목표를 세워야 합니다. 나를 위한 큰 목표는 공부의 전체 모습을 나에게 보여 줍니다. 가령, 의사가 되어 아픈 사람들을 고쳐 주어야겠다는 마음이 있다면, 수학과 과학, 영어를 비롯한 모든 과목에서 높은 점수를 받아야 한다는 것을 나에게 알려 줍니다. 따라서 얼만큼 노력해야 하는지를 알 수 있게 됩니다.
훑어보기	훑어보기는 공부할 내용을 처음부터 끝까지 대충 읽어 보는 것입니다. 중요한 내용들, 제목들을 읽다 보면 앞으로 내가 공부해야 할 내용들이 무엇인지를 알 수 있게 되어 나의 시간과 노력을 얼마만큼 들여야 할지 알 수 있게 됩니다.
질문 생성	전체의 내용을 대충 보면서 궁금한 것에 대해서는 질문을 만들어 봅니다. 작은 부분이라도 상관없으니 질문을 하나씩 만들어 가다 보면 내가 모르는 것을 잘 알게 되어 모르는 것 중심으로 공부할 수 있습니다. 모르는 것 중심으로 공부를 해야 공부를 잘하게 됩니다.
자기진단	자기진단이란 내가 아는 것과 모르는 것을 정리하는 것입니다. 내가 아는 것과 모르는 것을 정리하게 되면 모르는 것 위주로 공부할 수 있게 됩니다. 그렇게 공부하면 공부하는 시간을 줄일 수 있게 됩니다.
책 읽기	책은 전체를 보게 해 주는 망원경과 같습니다. 책을 많이 읽을수록 전체의 모습이 눈에 더욱 잘 들어오게 됩니다. 공부를 잘하는 사람들은 대개 많은 책을 읽었던 사람들입니다.
복습	선생님과 함께 공부하는 것도 중요하지만 그다음에 혼자서 배운 내용을 복습하는 것이 중요합니다. 복습하게 되면 배웠던 내용을 더 오래 기억하게 되고 배우면서 몰랐던 내용을 알게 되기도 합니다.

☺ 앞으로 한 주 동안 내가 공부하려는 내용과 목표를 정해 봅시다.

3학년 과학 '구름의 종류와 특징'을 공부한 후 내용을 말할 수 있다.

☺ 공부하려는 내용을 대충 읽어 봅시다. 중요한 제목들을 글로 정리해 봅시다.

☺ 전체 내용을 빠르게 읽어 보면서 궁금했던 내용을 질문으로 만들어 봅시다.

'뭉게구름'에서 '뭉게'란 뜻은 무엇인가요?

☺ 모든 내용을 공부한 후에도 여전히 잘 모르는 내용을 정리해 봅시다.

소나기구름의 모양이 어떤지 모르겠다.

☺ 공부할 내용과 관련한 책을 찾아보고 써 봅시다.

『구름 박사님~ 날씨 일기 쓰세요?』/ 봄나무

『움직이는 실험실: 하늘, 구름, 바람』/ 럭스미디어

☺ 공부했던 내용 중에서 중요한 내용을 중심으로 정리해 봅시다.

구름의 종류에는 크게 뭉게구름, 소나기구름, 양떼구름, 새털구름이 있습니다.

함께 이야기해 보기

　　공부 목표를 세우고 전체 내용을 훑어보면 자연스럽게 궁금한 내용이 생기게 됩니다. 전체 내용을 계획에 따라 꼼꼼히 공부하면서 궁금한 부분을 해결한 후에는 자신이 공부한 내용을 잘 알고 있는지 알아보기 위해서 자기진단을 하게 됩니다. 책 읽기는 이러한 과정에서 나의 부족함을 보충해 주고 전체를 보는 힘을 키워 주는 에너지가 됩니다. 마지막으로, 복습을 통해 아는 것을 더 오래 기억하고, 부족하거나 여전히 잘 모르는 것을 확실하게 이해할 수 있게 됩니다.

　초인지 공부 방법을 복습하여 봅시다.

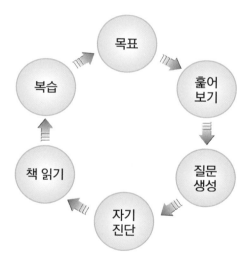

📝 이번 시간에 새롭게 알게 된 점이나 느낀 점을 적어 봅시다.

김동일(Kim, Dongil)

현재 서울대학교 사범대학 교육학과 교육상담전공 및 대학원 특수교육전공 주임교수로 재직하고 있다. 서울대학교 교육학과를 졸업하고 교육부 국비유학생으로 도미하여 미네소타대학교 교육심리학과(학습장애)에서 석사·박사학위를 취득하였다. Developmental Studies Center, Research Associate, 한국청소년상담원 상담교수, 경인교육대학교 교육학과 교수, 한국학습장애학회 회장, 한국교육심리학회 부회장, (사)한국상담학회 법인이사, 한국청소년상담(복지개발)원 법인이사를 역임하였다. 2002년부터 국가수준의 인터넷중독 척도와 개입연구를 진행해 왔으며, 정보화역기능예방사업에 대한 공로로 행정안전부 장관표창을 수상하였다. 현재, BK21PLUS 미래교육디자인연구사업단 단장, 서울대 다중지능창의성연구센터(SNU MIMC Center) 소장, 서울대 특수교육연구소(SNU SERI) 소장 및 한국아동청소년상담학회 회장, 한국인터넷중독학회 부회장, 여성가족부 청소년보호위원회 위원, (사)한국교육심리학회 법인이사 등으로 봉직하고 있다. 『학습장애아동의 이해와 교육』 『학습상담』 『학교상담과 생활지도』 『학교기반 위기대응개입 매뉴얼』 『특수아동상담』을 비롯하여 30여 권의 (공)저서와 200여 편의 학술논문이 있으며, 10개의 표준화 심리검사를 개발하고, 20편의 상담사례 논문을 발표하였다.

BASA-ALSA와 함께하는 학습전략 프로그램 워크북 5
초인지전략 기르기

2015년 8월 25일 1판 1쇄 인쇄
2015년 9월 1일 1판 1쇄 발행

지은이 • 김동일
펴낸이 • 김진환
펴낸곳 • (주)**학지사**

121-838 서울특별시 마포구 양화로 15길 20 마인드월드빌딩
대표전화 • 02)330-5114   팩스 • 02)324-2345
등록번호 • 제313-2006-000265호

홈페이지 • http://www.hakjisa.co.kr
페이스북 • https://www.facebook.com/hakjisa

ISBN 978-89-997-0795-7 94370
     978-89-997-0790-2 (set)

정가 10,000원

저자와의 협약으로 인지는 생략합니다.
파본은 구입처에서 교환해 드립니다.

이 책을 무단으로 전재하거나 복제할 경우 저작권법에 따라 처벌을 받게 됩니다.

인터넷 학술논문 원문 서비스 **뉴논문** www.newnonmun.com

이 도서의 국립중앙도서관 출판시도서목록(CIP)은 서지정보유통지원시스템 홈페이지(http://seoji.nl.go.kr)와 국가자료공동목록시스템(http://www.nl.go.kr/kolisnet)에서 이용하실 수 있습니다.
(CIP제어번호: CIP2015025973)

BASA | 기초학습기능 수행평가체제란?
Basic Academic Skills Assessment

학습부진 아동이나 특수교육 대상자의 학업수행수준을 진단·평가하는 국내 최초의 검사로 실시가 간편하고 비용부담이 적어 반복실시가 가능하며, 전체 집단 내에서 아동의 학습능력이 어느 정도인지 상대적인 수준 파악이 가능합니다.

아동의 기초학습기능 수행발달수준을 진단하고 학습발달정도를 반복적으로 평가하여 학습수준을 모니터링함으로써 학습부진 영역에 관한 구체적인 정보를 얻을 수 있습니다. 또한 이를 통해 추후 발생할 수 있는 학업문제들을 예방하고 대상자의 수준에 알맞은 교수계획 및 중재계획을 수립할 수 있습니다.

BASA 초기수학
수학학습장애 혹은 학습장애위험군 아동의 조기판별 및 초기수학 준비기술 평가

BASA 초기문해
아동의 초기문해 수행수준과 읽기장애를 조기에 판별하고 아동의 학업관련 성장과 진전도 측정에 유용

BASA 읽기
읽기 부진 아동의 선별, 읽기장애 진단을 위한 읽기유창성검사

BASA 쓰기
쓰기능력 발달과 성장을 측정하고 쓰기부진아동의 진단 및 평가

BASA 수학
수학 학습수준의 발달과 성장을 측정하고 학습부진, 특수교육 아동을 위한 진단 및 평가

KOPS
KOrea
Psychological
Services
학지사 심리검사연구소
www.kops.co.kr